El libro de los

MANDALAS

del MUNDO

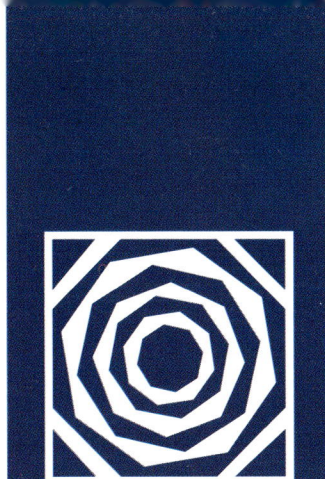

S H I A   G R E E N

El libro de los
MANDALAS
del MUNDO

El camino de regreso a tu centro interior

Contiene láminas para colorear

OCEANO AMBAR

Mandalas del mundo
© Shia Green, 2001

Ilustraciones: Carles Baró y archivo Océano

© Océano Grupo Editorial, S.A., 2001
Milanesat, 21-23 – Edificio Océano
08017 Barcelona (España)
Tel.: 93 280 20 20★ - Fax.: 93 203 17 91
www.oceano.com

Derechos exclusivos de edición en español
para todos los países del mundo.

Queda rigurosamente prohibida, sin la autorización escrita de los titulares
del copyright, bajo las sanciones establecidas en las leyes, la reproducción parcial
o total de esta obra por cualquier medio o procedimiento, comprendidos
la reprografía y el tratamiento informático, así como la distribución
de ejemplares mediante alquiler o préstamo público.

ISBN: 84-7556-086-5

Depósito Legal: B-31970-XLIV

Impreso en España - Printed in Spain

01102031

MANDALAS PARA COLOREAR

INTRODUCCIÓN
¿QUÉ ES UN MANDALA?

ace muchísimo tiempo existió algo desprovisto de nombre y cuya forma desconocida ocultó tanto el cielo como la tierra. Al verlo, los dioses lo agarraron comprimiéndolo contra el suelo, con la cara hacia abajo. Una vez arrojado al suelo, los dioses lo retuvieron pegado a éste. Brahma hizo que los dioses lo ocuparan y lo llamó vastu-purusha mandala.

ANTIGUO TEXTO HINDÚ

Los mandalas son un concepto espiritual y ritual de vital importancia tanto para el hinduismo, como para el budismo de la India, China, Japón y el Tíbet. Concepto que, en la actualidad, también se está empleando en Occidente por sus múltiples propiedades curativas.

Pero veamos qué son realmente los mandalas. La definición literal de la palabra sánscrita *mandala* es círculo, aunque también (como compuesto de *manda*, «esencia», y *la*, «contenedor») es entendida como «lo que contiene la esencia» o «la esfera de la esencia».

Y es que los mandalas son mucho más que unos dibujos realizados en papel, tela o arena.

A través de una serie de círculos (concéntricos o no) inscritos en un cuadro, el mandala representa a las distintas divinidades o al propio cosmos.

Así pues, este diagrama constituye una imagen tanto del mundo como de un panteón simbólico.

Para quienes nunca han «penetrado» en un mandala, la iniciación consistirá sencillamente en observar las diferentes zonas y, de este modo, acceder a los diferentes niveles del propio mandala, tal y como si camináramos en un laberinto hasta alcanzar su centro.

Como resultado y dependiendo de cómo se emprenda el camino, a través de éste se pueden obtener diferentes metas: si pintamos, dibujamos o construimos el mandala, podemos obtener una relajación mental y olvidar las tensiones y problemas de la vida cotidiana, además de la posibilidad de expresarnos, así como de encontrar el verdadero yo; si lo contemplamos, empleándolo como objeto de nuestra meditación, la posibilidad de trascender el yo y alcanzar otros estados de la conciencia (o, dependiendo del enfoque, de unirnos con la divinidad que representa el mandala); etc.

Son reconocidos los efectos terapéuticos de los mandalas, tanto para los niños como para los adultos. Estas imágenes circulares están almacenadas en el subconsciente de cada uno de nosotros y, a través de su contemplación, pueden reunir las fuerzas dispersas de la mente y el alma.

Podemos afirmar que los mandalas ya se encontraban presentes en las antiguas civilizaciones, como también en los llamados pueblos primitivos. Éstos, intuitivamente, sabían calmar su mente y su alma con la ayuda de imágenes circulares, como un camino para acercarse de nuevo a la propia naturaleza.

Los mandalas ejercen su profundo efecto mediante la práctica de la meditación. Podemos aprender este método de autoconcienciación observando los mandalas con calma y dejando que actúen, o bien rellenando sus formas con colores. Ambos métodos nos ayudan a concentrarnos, a descubrirnos nuevamente, a encauzar los procesos interiores y, de esta forma, conseguir curarse uno mismo.

Entre las técnicas de la psicoterapia encontramos la meditación con los mandalas como un ejercicio de relajación metódico. El psicólogo Carl Gustav Jung (1875-1961) estudió exhaustivamente el efecto curativo de las imágenes circulares en el alma, confirmando que pintar mandalas ofrece tranquilidad y sosiego tanto a los psíquicamente sanos como a los enfermos.

El trabajo con mandalas es especialmente positivo en niños inquietos, nerviosos y difíciles, ya que en ellos la barrera de complejos que obstaculiza el pintar es menor que en los adultos.

LOS MANDALAS Y LA MEDITACIÓN

En todas las culturas en las que los mandalas influyen en la vida espiritual, la contemplación o la oración por medio de imágenes circulares desempeña un papel muy importante. Sólo a través de esta vía, el ser humano encuentra el camino de regreso hacia su propio centro interior, su fuente de energía, que acumula las energías anímicas dispersas y le devuelve la unidad. A este proceso de contemplación se le denomina meditación.

Además, a los niños les gusta pintar y son creativos.

Las personas a las que les agrada dibujar y crear nuevas formas, experimentarán una profunda satisfacción cuando estén pintando mandalas y, con ello, descubrirán todas las facetas de su interior y sus posibilidades de desarrollo.

Aunque mostraremos las diferentes actitudes y puntos de vista, así como las clases de mandalas, su historia y su presencia en todo el mundo, en este libro nos centraremos en las múltiples ventajas tanto de pintar los mandalas, como de emplearlos para la meditación.

CLASES Y FUNCIONES DE LOS MANDALAS

Creados como murales enormes o bien como pequeños cuadros, los mandalas pueden ser pintados sobre tela o papel, construidos con hilos de color sobre telas o, en particular, sobre seda, o realizados con arena o granos de arroz coloreados. En algunas ocasiones, se crean volumétricamente, mediante bronce o arcilla y, en la actualidad, también con programas informáticos.

Geométricamente, el mandala surge del círculo, del cuadrado o del triángulo, como figuras planas elementales. Estos elementos básicos se mezclan, unen y fusionan para crear ciertos efectos visuales. Por ello, se dice que el mandala es «la cuadratura del círculo».

CLASES DE MANDALAS

Dependiendo del sujeto, los mandalas son definidos de formas muy variadas. Aunque principalmente son considerados como objetos esenciales para la meditación o la oración, para algunas personas son una forma superior de arte, mientras que para otras, confeccionarlos es una forma de expresarse y descubrir el propio ser.

Es decir, hay quienes consideran que lo importante es el mandala completo y finalizado, mientras que otros se centran en el proceso de crearlos. Y, por supuesto, se puede emplear como objeto de meditación un mandala realizado por uno mismo como forma de autoexploración, y viceversa, que la meditación sobre un mandala sea una autoexploración.

Existen diversas (o infinitas) clases de mandalas o de formas de entender los mismos. A continuación, mostramos las principales.

Los mandalas pueden ser representaciones permanentes de una o más divinidades. En la página anterior, mandala tibetano del siglo XIV.

MANDALAS PERMANENTES COMO REPRESENTACIÓN DE UNA DIVINIDAD

Los mandalas se encuentran en todo Oriente con la finalidad de servir como instrumentos de contemplación y concentración en lo divino.

Su principal objetivo es fomentar la concentración de la energía en un solo punto durante la meditación.

Pintados sobre seda o papel de forma permanente, estos *tangkas* (rectángulos de tela en los que se representan los estados de la conciencia o las visiones místicas de budas, bodhisattvas, maestros y demonios) suelen ser colgados en las habitaciones destinadas a la meditación como representaciones de una divinidad específica. En este caso, los mandalas constituyen una forma de yantra (figuras geométricas que representan la naturaleza vibratoria de los poderes superiores o *devas* concretos), pues reflejan un atributo divino determinado o una forma de encantamiento (mantra) de la que vienen a ser la cristalización visual.

Es decir, a través del mandala el individuo puede conectar con la energía de las diferentes divinidades.

MANDALAS TEMPORALES PARA CEREMONIAS Y RITUALES

Los mandalas se emplean en Oriente sobre todo como parte de las ceremonias de muchas religiones, desde el hinduismo o el budismo, hasta el lamaísmo tibetano, entre otras. Un ejemplo de esto sería que tanto en el Tíbet como en las ceremonias de los indios navajo de Norteamérica, estos mandalas se crean para mostrar la impermanencia de la vida.

Mediante arena o granos de arroz coloreados, se construyen unos mandalas en el suelo, cuya función es representar a la divinidad y, después, regresar a ella. Estos mandalas forman parte de rituales y ceremonias varias, ya sea para atraer abundancia y prosperidad al negocio, para fortalecer la salud, para proteger de las energías negativas del entorno o bien para contener a la divinidad de forma temporal.

En los monasterios tibetanos, los monjes construyen intrincados mandalas con arena de colores (obtenida mediante piedras semipreciosas trituradas). Después de disponer con cuidado los granos de arroz o la arena sobre una plataforma especial, estos mandalas son deliberadamente destruidos.

Todos los monjes de los monasterios deben aprender a construir mandalas. Este proceso tiene una doble función: por una parte, se memorizan textos que especifican los nombres, las medidas y la posición de las líneas base que definen la estructura primordial del mandala, así como, por otra parte, las técnicas manuales de pintar y disponer la arena. Estas «líneas guía» incluyen representaciones de un muro cuadrado que contiene oberturas o «puertas» a cada lado, así como círculos que definen los límites del espacio físico. Estas líneas se dibujan con tiza y sirven como base para construir los mandalas de arena.

Se necesitarán muchas horas y días para finalizar el mandala. Aún así, cuando se termina, los monjes llevan a cabo las ceremonias, en las que el mandala es arrojado a un canal o río próximo para simbolizar el ciclo de la vida.

Otro tipo de mandalas que forman parte de rituales y ofrendas son los creados de forma simbólica mediante *mudras* (diferentes posturas de las manos y de los dedos) y que son ofrecidos a to-

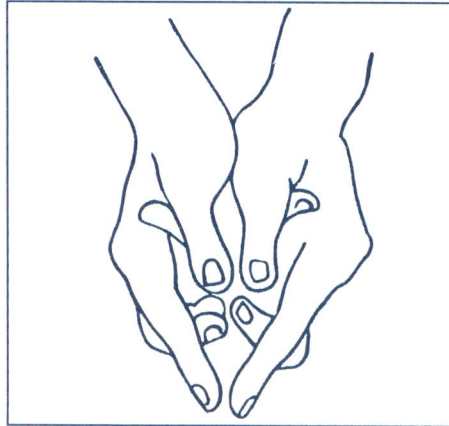

Los mudras son mandalas simbólicos constituídos sólo con las manos.

dos los seres que han alcanzado la iluminación. Estos mandalas simbolizarían el círculo puro en el que la bondad y la compasión ilimitada de estos seres son representadas.

Por otra parte, los indios navajo también han empleado la arena para formar unos mandalas que se emplean en los rituales espirituales. La ceremonia dura entre cinco y ocho días.

MANDALAS EN TRES DIMENSIONES

Estos mandalas creados con bronce, arcilla o por ordenador son empleados para invitar a una divinidad a entrar durante una ceremonia de iniciación. También se incluirían aquí los mandalas de la arquitectura, entendidos como «áreas sagradas» del mandala, que incluyen los templos budistas, las *stupas* (mo-

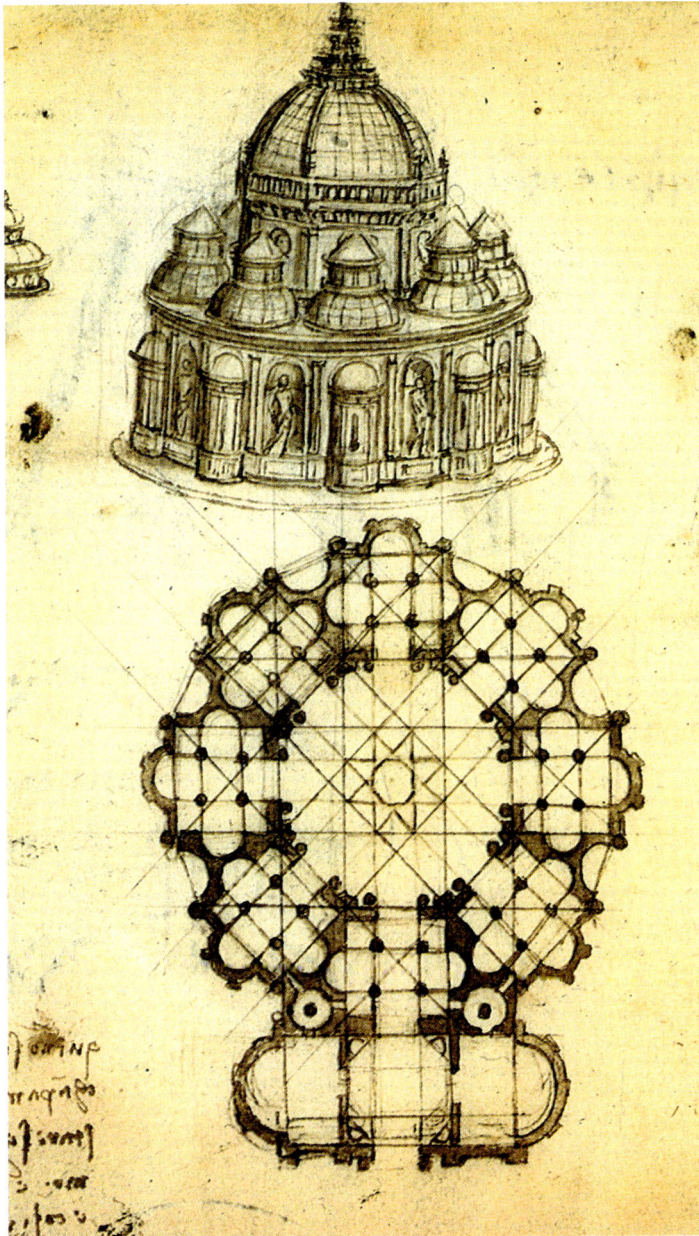

Algunos templos, vistos en perspectiva o en proyección sobre un plano, pueden ser un mandala, tal y como vemos en este boceto de Leonardo da Vinci.

numentos en los que se guardan las reliquias budistas y las cenizas de los santos (véase recuadro de la página 34) y los templos donde las divinidades residen de forma permanente.

No cabe olvidar que muchos templos (desde las mezquitas musulmanas hasta las catedrales cristianas), vistos desde arriba o en proyección sobre un plano, son mandalas. Es decir, son tanto un microcosmos como un panteón.

La función de estos mandalas de gran tamaño sería la de penetrar en su interior radialmente e identificarse con sus diferentes etapas. Este rito es análogo al de la penetración en el laberinto (la búsqueda del centro) y su carácter psicológico y espiritual es evidente.

MANDALAS CÓSMICOS

Estos mandalas son entendidos como una representación del orden del universo y responderían a la necesidad del hombre por ordenar y comprender las fuerzas dialécticas e indivisibles del cosmos.

Según Mircea Eliade, el anillo externo de esta clase de mandalas consiste «en una "barrera de fuego" que por una parte prohíbe el acceso a los que no son ini-

EL MANDALA KALACHAKRA

Este mandala (que significa literalmente «la rueda del tiempo») es considerado como el más importante y complejo de todos los mandalas del budismo tibetano, pues muestra, junto a ciertas enseñanzas yóguicas, un punto de vista esotérico de la historia y la cosmología. Está basado en uno de los textos sagrados tibetanos, el *Kalachakra Tantra*, que según la tradición fue enseñado por Buda al rey de Shambhala. Por ello, sólo fue transmitido a través de la dinastía real durante 1.500 años, hasta que se alcanzó el momento apropiado para introducirlo en la India.

El *Kalachakra Tantra* tiene tres aspectos:

1. el «externo», relacionado con la astrología, la historia y la cosmología;

2. el «interno», que concierne a la fisiología esotérica del cuerpo sutil;

3. y, por último, el «otro» aspecto, relativo a las diferentes etapas del Yoga y cuya finalidad es purificar los dos aspectos anteriores. Requiere visualizar las 722 divinidades del mandala Kalachakra y su resultado es la obtención de la iluminación.

Este mandala tibetano constituye una representación del orden del univero, así como del panteón divino.

ciados, pero por otra, simboliza el conocimiento metafísico que "quema la ignorancia".» Tras este anillo, se sitúa el «anillo de diamante», símbolo de la iluminación, de la conciencia suprema, y dentro de éste se encuentra un círculo «alrededor del cual están representados ocho cementerios, que simbolizan los ocho aspectos de la conciencia desintegrada (…). Sigue después el anillo de hojas, que simboliza el renacimiento es-

piritual. En el centro de este último círculo se encuentra el mandala propiamente dicho, también llamado palacio (*vimana*), es decir, el lugar en que se disponen las imágenes de los dioses.»

Uno de los mandalas cósmicos más importantes es el *Vastu-Purusha-Mandala* hindú, que muestra las leyes que gobiernan el cosmos y a las que están sometidos tanto los hombres como la naturaleza misma. Este mandala puede ser construido a partir de diferentes modelos y niveles de profundidad. En realidad, los *Vastu-Shastras* (tratados generales de arquitectura) establecen treinta y dos modos distintos de formar el *Vastu-Purusha-Mandala*. El mandala básico es un cuadrado; los demás resultan de la división de este cuadrado en cuatro, nueve, dieciséis, veintidós, etc., hasta 1.024 partes cuadradas más pequeñas denominadas *padas*. Estas divisiones pueden regular tanto, por una parte, la disposición de varios edificios o la planta de un templo, como, por otra parte, pueden definir la disposición de los diferentes elementos arquitectónicos, la proporción entre los espesores de los muros y las dimensiones del espacio interior.

LOS MANDALAS COMO ARTE

El arte en sí mismo también se puede concebir como un mandala. Desde este punto de vista, todas las obras de arte son mandalas pues ordenan lo disperso en un todo (un cuadro, una escultura), etc.

Aunque el arte de hoy en día no posea los valores mágicos que se le atribuían en el pasado, la gestación de cualquier manifestación artística se seguiría rigiendo por las mismas estructuras creativas. Así, el mandala sería el propio proceso de creación, la actitud de pensar, de reunir los diferentes elementos o temas que queremos tratar, distribuyéndolos (por ejemplo) en un cuadro, eligiendo los colores, las texturas, etc. Es decir, la actitud de fundir en un todo lo que antes estaba disperso.

La literatura, la música, la arquitectura o la pintura son manifestaciones artísticas que se sirven de reglas ordenadoras (que podríamos denominar mandálicas) para poder concretarse y materializarse, desde el lienzo en blanco, hasta la obra ya finalizada. Estas reglas primarias unirían todas las disciplinas artísticas, ya que el proceso de creación, aunque con resultados diferentes, es el mismo.

Por tanto, para el artista, el mandala no es tanto el objeto final, sino la actitud generadora y ordenadora.

LOS MANDALAS CORPORALES O MANDALAS INTERNOS

Creados en la mente de quienes meditan, el cuerpo es visualizado como un conjunto de mandalas (los chakras) de divinidades específicas. Este mandala corporal une el macrocosmos (el universo) con el microcosmos (el yo) en elcuerpo humano. De esta forma, el mandala es

En la actualidad, son muchos los mandalas creados por ordenador.

nuestro cuerpo y en él encontramos una representación de todo el universo.

Los chakras (literalmente, «ruedas») son los diferentes niveles de conciencia, los centros de energía cósmica de nuestro organismo. Según el yoga y otras disciplinas orientales, la energía circula por nuestro cuerpo a través de tres líneas principales denominadas *nadis*, que son: *Susumma* (interior de la columna vertebral), *Pingala* (ventana derecha de la nariz) y, por último, *Ida* (ventana izquierda de la nariz). Los puntos de interferencia entre estas tres líneas son los chakras. Aunque no son entidades tangibles, se representan como círculos, ruedas o flores de loto, de unos cinco centímetros de diámetro y, aunque luminosas, sólo visibles para aquellas personas que han recibido un entrenamiento específico.

Existen siete chakras en el cuerpo, cada uno relacionado con una función vital, un elemento y un color. El número de pétalos de cada chakra está determinado por el número y posición de los *nadis*.

A través de la meditación, se puede estimular o reactivar cada uno de estos chakras. Para ello, se suele visualizar su representación o mandala, a la vez que se localiza mentalmente en la zona correspondiente del propio cuerpo.

MANDALAS CABALÍSTICOS

Estos mandalas ayudarían a penetrar en las áreas profundas de la mente y a abrir la conciencia cósmica universal.

El mandala trabaja enviando estímulos sensoriales a la mente interna, de forma similar a lo que hoy se conoce como subliminal. El mensaje pasa a través de la visión hacia los receptores del cerebro, donde se procesa y se obtiene una reacción (por ejemplo, un cambio de actitud hacia aspectos positivos, una recuperación de la autoestima o la liberación de miedos y angustias, entre otras reacciones).

Así como los signos en las formulas matemáticas llevan a un resultado especifico, de forma similar los símbolos cabalísticos poseen una energía oculta que transforma: nos permiten ser conscientes de los procesos que se realizan dentro de nuestros cuerpos físicos, mentales, emocionales y espirituales. Estos cuatro aspectos son los que conforman la totalidad de nuestro ser, cada uno de ellos involucrando al otro en una unidad armónica.

LOS «CHAKRAS», LOS MANDALAS DE NUESTRO CUERPO

1.MULADHARA CHAKRA

Ubicado en la base de la columna vertebral, por debajo de los genitales, este chakra se considera relacionado con el elemento tierra y las divinidades Brahma y Dakini, masculino y femenino respectivamente. Su color es el amarillo y su efecto es la estimulación del sentido del olfato, rigiendo el nivel básico de la conciencia.

El mandala de este chakra es una flor de loto de cuatro pétalos, en cuyo interior se aprecia un cuadrado y el rey de los elefantes, Airavata, cargando sobre su espalda el mantra del elemento tierra.

2.SVADHISTHANA CHAKRA

Se sitúa en la base de la columna vertebral, por encima de los genitales (y justo por encima del Muladhara Chakra). Se encuentra relacionado con el elemento agua y las divinidades Vishnu y Rakini. Su color es el blanco (o el naranja, según algunos autores) y su efecto es la estimulación del sentido del gusto, rigiendo además la función sexual y la procreación.

El mandala de este chakra es una flor de loto de seis pétalos, con una media luna y un pez en su interior (ligado al elemento agua).

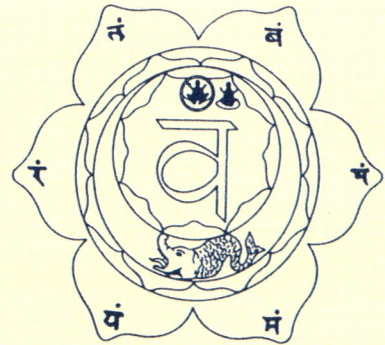

3.MANIPURA CHAKRA

Ubicado en el ombligo, este chakra se relaciona con el elemento fuego y las divinidades Shiva y Lakini. Su color es el rojo (o el verde, según algunos autores) y su efecto es la estimulación del sentido visual del color y de la forma, rigiendo además la capacidad de autocontrol.

El mandala de este chakra es una flor de loto de diez pétalos, en cuyo interior se aprecia un triángulo y un viejo carnero (que representa la montura de Agni, el portador del fuego).

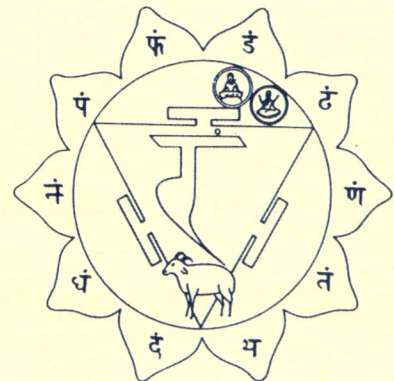

LOS «CHAKRAS», LOS MANDALAS DE NUESTRO CUERPO

4. ANAHATA CHAKRA

Situado en la región del corazón, Anahata es constituido por el elemento aire y sus divinidades son Isá y Kakini. Su color es el ahumado (o el azul grisáceo, según algunos autores) y rige el sentido del tacto, así como el amor, la compasión y la comprensión.

Su mandala es una flor de loto de doce pétalos, con un hexágono de seis puntas y un antílope en su interior (ligado al elemento aire).

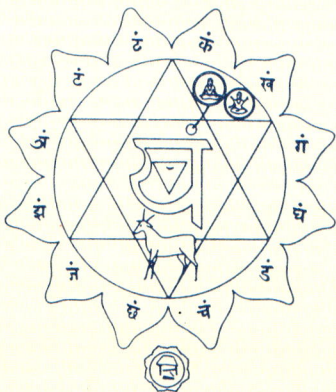

5. VISUDDHA CHAKRA

Se encuentra ubicado en la región de la garganta. Su elemento es el éter y sus divinidades son Sadavisa y Sakini. De color blanco (o púrpura gris, según algunos autores), el efecto de este chakra es la estimulación del sentido del oído, la comunicación y, según diversas tradiciones, es el centro donde se sitúa la verdad.

Su mandala es una flor de loto de dieciséis pétalos, en cuyo interior se encuentra un círculo y un elefante blanco, cargando sobre su espalda el mantra del elemento éter.

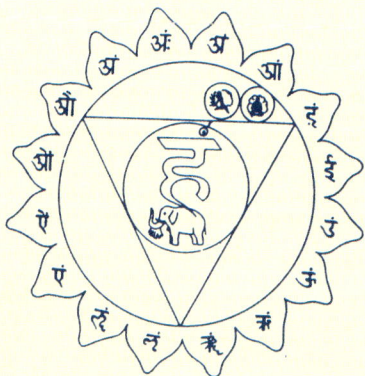

6. AJNA CHAKRA

Este chakra se sitúa entre las cejas, por lo que recibe el nombre de «tercer ojo». Su color es la luz y rige tanto el espíritu o Manas (término que designa la mente inferior, es decir, la mente que recibe las impresiones de los sentidos y que está conectada con los órganos sensoriales y los órganos motores), como la intuición y la clarividencia. Se dice que quien contempla este loto rompe la dualidad, por lo que no se representa a un dios y una diosa, sino tan sólo a la diosa Sakti Hakini, blanca y similar a Kali.

El mandala de este chakra es una flor de loto de dos pétalos, en cuyo interior se encuentra el mantra sagrado OM.

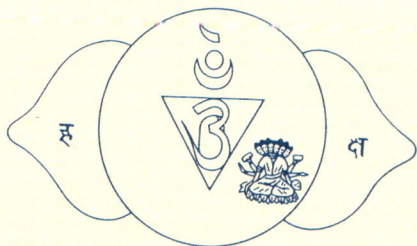

LOS «CHAKRAS», LOS MANDALAS DE NUESTRO CUERPO

7. SAHASHARA CHAKRA

Ubicado por encima del cuerpo, sobre la coronilla según la tradición, este chakra es la elevación, el asiento del alma y el foco de atención de los yoguis.

De representación imposible, el mandala de este chakra tendría una flor de loto de mil pétalos, que giraría constantemente emitiendo una gran luz (aunque esta cifra es más simbólica que gráfica). En su centro se sitúa el vacío original; es decir, el punto, lo incodicionado. Quien obtiene este estado rompe con el ciclo de reencarnaciones, alcanzando la liberación incorpórea y última.

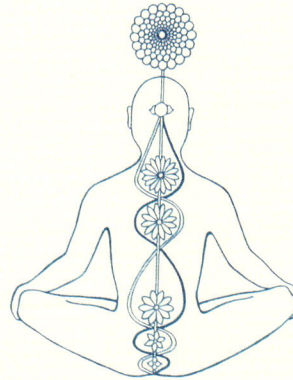

Según algunos autores, el aura que rodea todo el cuerpo y que contiene todos los colores sería el octavo chakra, representada como una luz que envuelve todo el cuerpo físico y cuya función es precisamente la de protegerlo.

Si uno sólo se desestabiliza, provocará una inestabilidad en los restantes.

Los mandalas permiten ir desde la vibración más baja del primer chakra, hasta la vibración más alta del séptimo chakra (véase el apartado de los mandalas del cuerpo). Los chakras procesan la energía del universo y la distribuyen a todas las zonas del cuerpo, siendo también almacenadores de pensamientos, vivencias y emociones. A lo largo de la vida acumulamos en ellos una infinita cantidad de información y, cuando hay cualquier tipo de sensación negativa atrapada, el chakra comienza a bloquearse o a cerrarse, lo que produce un impedimento para el reciclaje de la energía.

Estos mandalas cabalísticos expanden los chakras, activan las capacidades de los niveles de conciencia, permiten una mayor captación de la energía positiva y ayudan a mantener el equilibrio. Hay un mandala especial para trabajar cada chakra en particular. Así, por ejemplo, para una persona agresiva, el mandala puede activar la tolerancia, la paciencia y el amor; mientras que para una persona deprimida, otro mandala le ayudará a incrementar su energía vital y estimulará los pensamientos positivos.

Los mandalas tienen usos muy prácticos. Además de emplearse para la meditación y la superación personal, fortalecen los órganos de nuestro cuerpo físico y fomentan la salud física, ya que cada chakra está también a cargo de distintas partes del cuerpo.

Por ello, al utilizar los mandalas podemos abarcar varias áreas de nuestro cuerpo al mismo tiempo, obteniendo así múltiples beneficios.

LOS MANDALAS PSÍQUICOS

El gran pensador y psiquiatra Carl Gustav Jung utilizó el mandala como instrumento conceptual para analizar y sentar las bases sobre las estructuras arquetípicas de la psique humana. Jung consideraba que el comportamiento del hombre se moldea según dos estructuras básicas de conciencia: la conciencia individual y la conciencia colectiva. La primera se aprendería durante cada vida en particular; la segunda se heredaría de generación en generación, como si se tratase de un gen que rigiera nuestros comportamientos más cotidianos.

Desde un punto de vista psicológico, el mandala se definiría como la estructura de un determinado comportamiento de nuestra conciencia colectiva. Esto se manifestaría muy claramente cuando nuestra conciencia individual permanece en un estado de semivigilia: son mandalas, por ejemplo, esos dibujos abstractos o garabatos que realizamos inconscientemente en una hoja de papel mientras estamos ensimismados, por ejemplo, tomando un café, en una reunión o conferencia que no nos interesa o mientras hablamos por teléfono. Estos dibujos, de una u otra manera, intentan compensar nuestra dispersión mental y ordenar en ese preciso momento nuestra existencia. Si analizamos dichos dibujos comprobaremos que la mayoría de ellos están trazados a partir de figuras

Cada una de las formas del mandala refleja nuestro estado anímico, pero también la llamada conciencia colectiva.

geométricas simples (generalmente, el cuadrado, el círculo o la espiral).

LOS MANDALAS COMO ARQUETIPOS DE LA NATURALEZA

Encontramos mandalas a cada paso. Cada uno de nosotros los ve diariamente, sólo que muchos de nosotros no sabemos que se trata de uno de los símbolos que nos ha sido dado como un arquetipo que nos influye.

Los podemos ver en los círculos concéntricos que imprime una gota, un pez o una hoja en la superficie de un lago; en el círculo formado por los pétalos de las flores o los anillos de los árboles; en una telaraña; en la imagen del sol que emana rayos de luz; en los ciclones y torbellinos, etc.

Nuestro planeta es un mandala, así como lo es la Vía Láctea, las células o nuestro propio cuerpo. Todos estos elementos son mandalas que, a su vez, forman parte de mandalas mayores.

Y nosotros, de forma inconsciente, también los creamos: disponemos fotografías, postales, etc., en un panel, conformando así algo parecido a un mapa

de nuestros sentimientos y recuerdos; incluso organizamos los alimentos en los platos de forma que «entren por los ojos»; u ordenamos los objetos de las estanterías de forma que nos hagan sentir cómodos. También los niños juegan, por ejemplo, formando círculos o alineándose alrededor de un coro.

Los elementos que componen los mandalas (el círculo, el cuadrado o el triángulo) son imágenes ancestrales que se encuentran arraigadas en todos nosotros, como lo estuvieron para nuestros padres, abuelos y bisabuelos. Aunque en muchas ocasiones no seamos conscientes de ello, las formas y los efectos de los mandalas se encuentran en nuestro subconsciente colectivo.

LOS MANDALAS COMO ARQUETIPOS DEL CICLO DE LA VIDA

El crecimiento y el desarrollo de las personas transcurren a través de una serie de ciclos vitales o etapas. El círculo que forman las estaciones del año con la primavera, el verano, el otoño y el invierno es un reflejo de cómo se origina la vida. Y es que cualquier forma de vida

Aunque muchas veces no seamos conscientes de ello, los mandalas se encuentran en la naturaleza y a nuestro alrededor.

conlleva un círculo eterno, incluida la naturaleza misma, el ser humano y el propio mundo.

Todos los elementos de la vida que conocemos forman parte de una unidad, de un todo, y éstos deben vivir en armonía unos con otros para representar una unidad cósmica. El ser humano, intentando armonizar con la propia naturaleza y con los acontecimientos que ésta conlleva, ha buscado desde la Antigüedad dar sentido a la vida en sí misma, encontrando ciclos como el del sol y el de las estrellas, reflejado en los signos astrológicos del Zodíaco.

Los ciclos y los ritmos rigen también nuestra vida diaria. El biorritmo, por ejemplo, es un reloj interno que influye en nuestro bienestar físico y anímico, según las condiciones de luz durante el día o por la noche. Mientras dormimos experimentamos el ciclo del inconsciente y, durante el día, el ciclo del consciente, con la capacidad máxima de atención al mediodía. Por la tarde y por la noche se produce un lento retroceso de la energía.

Así, se considera que el ser humano posee un llamado Yo consciente y un Yo inconsciente, que a su vez llevan unos ritmos marcados en todos nosotros.

En un aspecto amplio, durante nuestro crecimiento, desde que somos bebés, durante la niñez, la adolescencia, la edad adulta o, por último, la madurez, el Yo consciente y el Yo inconsciente no llevan el mismo ritmo, sino que uno suele predominar sobre el otro e, incluso en ocasiones y dependiendo por ejemplo de las circunstancias personales, parecen estar en desacuerdo y desconectados el uno del otro.

Si observáramos los mandalas realizados por una persona durante el transcurso de su vida, descubriríamos, por una parte, un desequilibrio presente sobre todo en la etapa de la adolescencia y en momentos de importantes acontecimientos o crisis personales, seguido, por otra parte, de un equilibrio más arraigado durante la edad adulta y la madurez.

Sin embargo, no debemos olvidar que la mente es la que rige nuestro Yo inconsciente. Por lo tanto, para alcanzar la felicidad y la armonía con el todo es preciso dirigir nuestras fuerzas hacia el interior, hacia el alma, y conseguir una identificación profunda entre nuestro Yo consciente y nuestro Yo inconsciente. Cuanto más se pueda realizar esta identificación, más seguros de nosotros mismos nos sentiremos. De lo contrario, si no prestamos atención a nuestro inconsciente, el alma se resiente y el Yo cons-

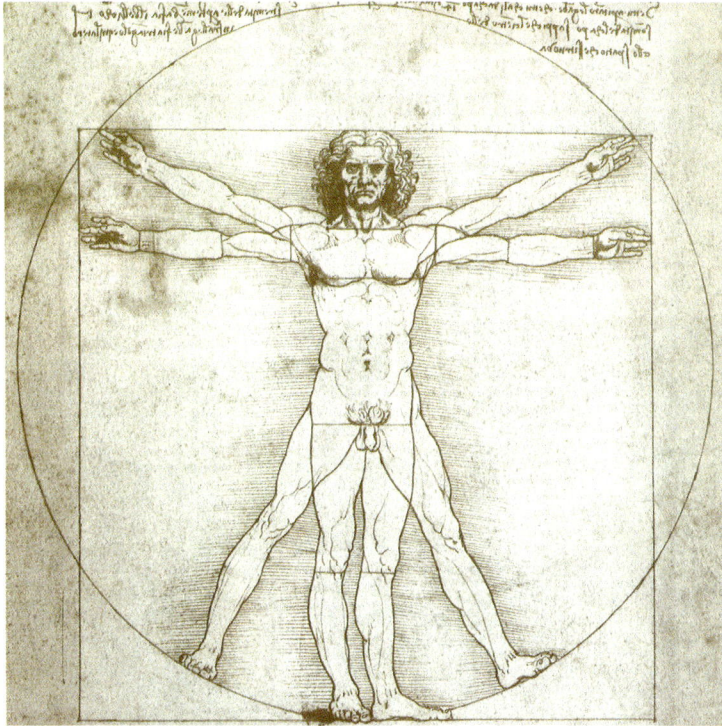

ciente, guiado por la razón, llevará una vida separada de su contraparte. Esta situación se vuelve contra uno mismo, ya que da lugar a que se nieguen los sentimientos hasta que, en un momento determinado, éstos se manifiestan de forma incontrolada y, tal vez, destructiva.

El trabajo creativo con los mandalas, aunque no puede provocar una relación fructífera entre el Yo consciente y el Yo inconsciente, sí puede ayudarnos a for-

talecer esa relación para que seamos más conscientes de nuestro núcleo interior.

La necesidad de dibujar mandalas, sobre todo durante las fases difíciles, parece indicar que, de esta manera, el Yo inconsciente se erige como protector del Yo consciente. Muestra de ello serían los garabatos que muy a menudo se dibujan en épocas de crisis, cuando el Yo se encuentra desbordado de contenidos inconscientes.

LOS MANDALAS EN LAS CULTURAS, LAS RELIGIONES Y EL ARTE

En todas las épocas y culturas, el ser humano ha conocido los mandalas y ha estado conectado a ellos desde su interior, a pesar de que su significado no le fuese familiar desde un principio.

Aquí mostramos unos ejemplos de la presencia de los mandalas en diferentes culturas de todo el mundo.

ORÍGENES DE LOS MANDALAS

La utilización de los mandalas se remonta al principio de la vida del ser humano sobre la Tierra. Cuando el hombre empezó a pintar, se inspiró de forma intuitiva en los ejemplos de la naturaleza, creando dibujos que ya cumplían la función de mandalas.

Ya en el Neolítico, cuando el hombre dejó de ser nómada y se convirtió en sedentario con la ganadería y la agricultura, encontramos diferentes símbolos mágicos. Quizás el más importante y conocido mandala del Neolítico (aun-

que también discutido, ya que se desconoce el motivo real de su construcción) es Stonehenge, en la llanura de Salisbury, Inglaterra. Los constructores de este centro sagrado pudieron erigirlo con la intención de intentar comprender no sólo los fenómenos astrológicos, sino también para emplearlo dentro de un contexto cultural, cosmológico y religioso preciso, y para servir de ayuda en los rituales y ceremonias sagradas.

Posteriormente, en el Antiguo Egipto, también encontramos grabados en las pirámides egipcias en los que se muestran la utilización de mandalas

También los intrincados diseños celtas son mandalas que, en general, no tienen ni principio ni final.

como objetos base de la concentración, así como para la activación de la energía positiva del lugar, la meditación profunda para elevar el nivel de conciencia o expandir la capacidad de la mente y la memoria, entre otros usos. Algunos papiros muestran el empleo de mandalas dentro de las casas para captar de forma más eficaz la energía, crear una armonía o para transformar la energía negativa en positiva.

De la misma manera, se han encontrado vestigios de símbolos mandálicos entre los druidas, en la civilización China o en las pirámides de México, entre otros, siendo empleados por sacerdotes, sabios o hechiceros como objetos de meditación y de curación.

En la actualidad, aún se emplean los mandalas en el budismo tibetano (tanto en el Tíbet como en el gobierno en el exilio, en la India), así como en América, donde numerosas tribus confeccionan mandalas mediante hilos de colores y plumas.

Por otra parte, cada vez son más las personas que experimentan los efectos terapéuticos de estos diagramas, ya sea meditando, creándolos o coloreándolos.

LOS MANDALAS DE ORIENTE

Los grandes mandalas de la tradición hindú suelen ser imágenes muy complejas que contienen letras en sánscrito (sílabas mágicas que conectan con los dioses) y dibujos de las diferentes divinidades acompañados de sus atributos, sus animales correspondientes, etc. El denominador común sería el círculo, ya sea uno o varios, en forma de rueda o rodeado por una flor de loto. Este círculo rodea el núcleo interno y suele incluir o ir acompañado de otras figuras simples, como el cuadrado o el triángulo.

Los mandalas son símbolos que recogen las enseñanzas espirituales y, mediante imágenes muy simples o de una extraordinaria complejidad, revelan los conocimientos que solamente podrán descifrar los discípulos o iniciados. Desde el propio cuerpo, hasta los edificios y templos, estos símbolos se encuentran presentes en todo Oriente como parte de las enseñanzas del hinduismo, del budismo o del lamaísmo tibetano, aunque también en China, con el reconocido yin-yang.

EL TÍBET

Según algunos autores, los mandalas fueron introducidos en el Tíbet desde la India por el gran guru Padma Sambhava (siglo VIII a. C.). Desde entonces, los mandalas forman parte de las ceremonias y enseñanzas tibetanas, construyéndose mediante granos de arroz o arena (véase el capítulo anterior), con pinturas o con hilos de color.

Pueden ser pintados sobre seda o papel de forma permanente, en cuyo caso su función es la de reflejar una divinidad específica como centro de la medita-

Los «ocho símbolos propiciatorios» o emblemas tibetanos de la buena suerte se encuentran asociados a las enseñanzas budistas, constituyendo además unos mandalas de gran poder.

LOS ELEMENTOS DE LOS MANDALAS DEL CUERPO

Tal y como hemos visto en el capítulo anterior, los chakras tienen una gran importancia en Oriente, pues son los mandalas que reflejan el cosmos en nuestro propio cuerpo, encargándose de absorber la energía cósmica y distribuirla a cada miembro o región corporal.

Por ello, aquí mostraremos los elementos básicos que componen los siete mandalas y que reflejan todos los aspectos relacionados con cada uno de los chakras. Cabe recordar que el séptimo chakra no suele representarse, pues no se puede plasmar toda su luz y la belleza de su flor de loto de mil pétalos.

- **Canal de Susumma:** Línea o canal que transporta la energía a través de nuestro cuerpo (al igual que los otros dos canales o *nadis*, *Pingala* e *Ida*). Se representa mediante una o dos líneas gruesas que atraviesan de arriba abajo el chakra.

- **Pétalos:** La corona externa de la flor de loto se compone de un número determinado de pétalos para cada chakra.

- **Letras en sánscrito:** En el centro de cada uno de los pétalos se sitúan unas letras en sánscrito. Su color, su orden y su presencia son inalterables en cada chakra.

- **Divinidades:** En el centro de la flor de loto se representan dos divinidades: una masculina denominada *deva* o *devatá*, a la derecha, y otra femenina, la *sakti*, a la izquierda y junto a éste.

- **Mantra:** En el centro de la flor de loto también se encuentra una letra en sánscrito de grandes dimensiones: es el Bija-Mantra (vibraciones o sonidos simbólicos, sin concepto ni ideación, que se emplean para acceder a otros estadios de la conciencia o para despertar las energías de los chakras dormidos).

- **Animal simbólico:** Bajo el Bija-Mantra y sirviéndole de apoyo, se sitúa un animal, cuyas cualidades sirven para recordar ciertos aspectos del chakra. Como ejemplo, el pez simboliza el elemento agua.

- **Mandala:** Dentro de la corola también encontramos una figura geométrica muy simple, con un color asociado. Es el mandala propiamente dicho.

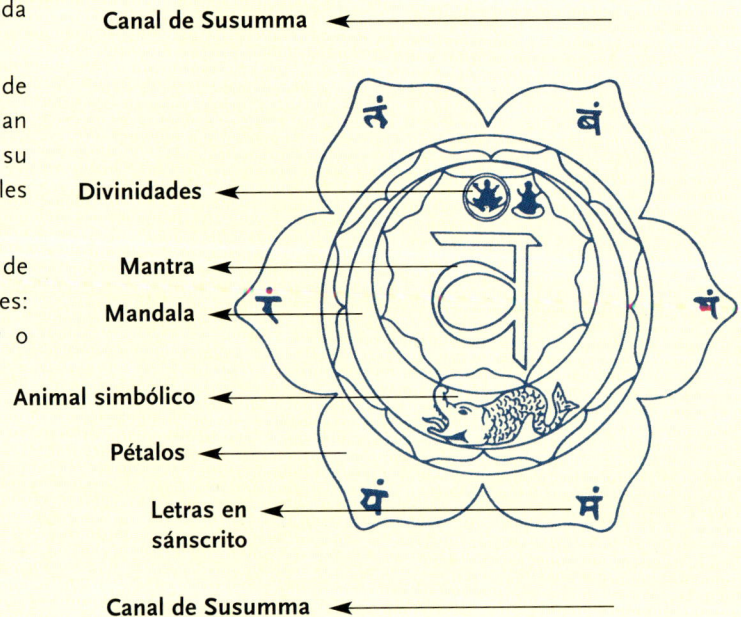

Canal de Susumma

Divinidades

Mantra

Mandala

Animal simbólico

Pétalos

Letras en sánscrito

Canal de Susumma

ción. Estos mandalas reciben el nombre de *tangkas* (rectángulos de tela en los que se representan los estados de la conciencia o las visiones místicas de budas, bodhisattvas, maestros o demonios).

Sin embargo, también pueden ser creados dentro de rituales específicos y con el fin de ser destruidos, mostrando así la impermanencia de la vida. El trabajo creativo y meditativo de los monjes es acompañado por cantos, oraciones, música y danzas circulares. Cuando el mandala está terminado, se destruye para rehacerlo nuevamente.

El budismo Mahayana, la forma más reciente del budismo, que se practica principalmente en el Tíbet y en los países fronterizos con el Himalaya, asigna una gran importancia a la función de los mandalas.

Así, estos diagramas representan de forma simbólica las fuerzas del universo, el panteón de dioses o la cosmología. Su plasmación permanente permite acercar a los creyentes a sus dioses o a sus propios orígenes, mientras que la meditación con la ayuda de estas pinturas permite reunir el caos en el centro, lo disperso en un todo.

De esta forma, el mandala lleva al creyente budista hacia el camino de Buda, puesto que durante la meditación él mismo se convierte en Buda: concentrándose en el mandala, el sadhaka o discípulo puede experimentar su unidad con las energías cósmicas y encontrar de nuevo su lugar dentro del orden natural.

LA INDIA

En ninguna de las religiones de Oriente los mandalas se encuentran tan intensamente representados como en el

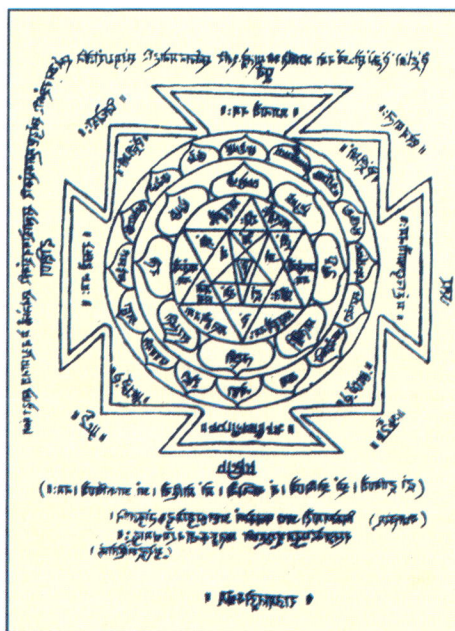

Según la tradición, el yantra de Raja-matangui reporta beneficios mágicos.

LAS STUPAS

Esta palabra significa literalmente en sánscrito «colmar», «llenar», y se aplica a todos aquellos monumentos erigidos para contener las cenizas de los santos o maestros. Aunque en un principio había sido un monumento cuya única función era meramente funeraria, posteriormente también se construyó para representar el despertar de la conciencia a la iluminación. Es decir, las stupas se convirtieron en mandalas debido a la disposición de sus elementos.

En general, estos monumentos contienen un buda sentado en la postura de meditación y sobre un trono, así como los símbolos del séptimo chakra (la iluminación), que son la rueda, el sol, la luna y una aguja con una joya.

Los cinco elementos (el aire, el fuego, el agua, la tierra y el espacio) también tienen su representación simbólica, dispuestos desde arriba hasta los pies de la stupa.

Las stupas, por estar vinculadas al budismo, se encuentran principalmente en el Tíbet, aunque las más antiguas están en la India.

hinduismo y en el budismo que se practica en la India occidental.

Los mandalas se encuentran como imágenes permanentes para la meditación, pero también en la arquitectura. El creyente debe penetrar en el interior de los lugares santos, aceptando las diferentes etapas (al igual que si penetrara en un laberinto o en un jardín japonés, donde cada tramo del jardín representa una etapa de la vida). Estas «áreas sagradas» del mandala incluyen numerosos templos budistas, así como las stupas (monumentos en los que se guardan las reliquias budistas y las cenizas de los santos).

CHINA

Desde la Antigüedad, también se encuentran en China mandalas simbóli-

EL MANDALA DEL YIN Y EL YANG

Según el taoísmo y el pensamiento chino, son las dos fuerzas opuestas que rigen el universo. Ambos principios conforman la fuerza vital universal y de su unión surgen los cinco elementos que, a su vez, dan vida a todo lo existente, a la historia y al tiempo.

El yin simboliza el principio femenino, la luna, el agua y las nubes. El yang, por su parte, se identifica con el principio masculino, el calor, la luz, la actividad, el color rojo y el sol.

El yin y el yang se encuentran en diversas proporciones en todo cuanto existe en el universo, predominando siempre uno u otro sobre el contrario.

El símbolo yin y yang integra estas fuerzas opuestas en un mandala que consta de un círculo (figura geométrica que representa el todo, el equilibrio y la armonía) dividido en dos mitades. La parte oscura representa al yin y la clara al yang. Estas superficies de color contrario se integran en el todo. Por otra parte, dos puntos en ambas partes (blanco en la negra y negro en la blanca) indican que ambas contienen la semilla de la contraparte. Es el símbolo de la armonía en movimiento.

cos, ya sea en forma de símbolos o como parte de la arquitectura. De esta forma, las pagodas, los templos y los cementerios son siempre circulares.

También se ha dicho que las formas que componen el I Ching (*el Libro de los cambios*) son mandálicas, pues describen la composición del orden del universo según la cosmología china: el círculo *Wu Gi* (literalmente, «el primer origen» o «el no comienzo») es el símbolo del origen de la unidad de toda existencia. De forma similar, el Feng Shui puede ser considerado como una técnica mandálica, pues busca la armonía del individuo con la energía universal, denominada *qi,* mediante la disposición equilibrada de nuestros hogares.

Es decir, intenta reunir las diferentes partes o elementos dentro de un todo integrado.

Por otra parte, según la medicina china, el bienestar físico y espiritual está íntimamente ligado al equilibrio de la energía qi del cuerpo. Al igual que los chakras del budismo, cada parte de nuestro cuerpo representa un aspecto externo, formando un mandala que une el microcosmos con el macrocosmos.

LOS MANDALAS EN OCCIDENTE

Tras observar los mandalas de la India y del Tibet, fueron muchas las personas de Occidente que, por una parte, los emplearon por los beneficios que aportan, y que, por otra parte, se dieron cuenta de que los mandalas habían sido utilizados en otras muchas culturas a lo largo de la historia.

Al igual que en la India, los templos del Islam constituyen verdaderos mandalas en tres dimensiones.

EUROPA

En Europa se ha empleado el mandala en los edificios sagrados, en las catedrales góticas y, como ejemplo más característico, en los rosetones que forman las vidrieras.

Pero la forma circular del mandala siempre ha acompañado al ser humano. La forma circular, por ejemplo, es la línea maestra de no pocos centros sagrados o lugares prehistóricos destinados a la adoración y al culto a los dioses. La encontramos en las viviendas o chozas, en las cuevas y en las construcciones megalíticas, siendo el ejemplo más conocido el Stonehenge del neolítico.

A lo largo de la historia y con el desarrollo de las civilizaciones y las culturas, fueron más numerosos los artistas que se dedicaron a la composición de símbolos mandálicos, influyendo enormemente en las edificaciones del cristianismo.

De este modo, las formas redondas se reservaron para los templos del cristianismo, siendo excepcionales en los edificios profanos. Al igual que en muchos templos orientales, encontramos en las iglesias y catedrales cristianas la siguiente diferenciación: la planta es rectangular, mientras que la cúpula es redonda. Así tenemos que el rectángulo o el cuadrado simbolizan la tierra (y, en Oriente, el mundo material), mientras que el círculo es el cielo (la forma divina, la expresión de la unidad, del todo que reúne los elementos dispersos).

Esta asociación entre el cuadrado y el círculo también se encuentra presente tanto en las puertas de entrada a las catedrales, como en los rosetones de las ventanas de las iglesias góticas o, por otra parte, en el Islam. Otros elementos de los rosetones son las divisiones en doce (posiblemente, relacionados con los doce signos del Zodíaco) y los símbolos de los cuatro Evangelistas.

Asimismo mandálicas son las cúpulas de las iglesias construidas durante el Renacimiento o, en la misma época, las denominadas «ciudades estrella» de Italia, construidas a partir de planos circulares.

El sentido profundo y sagrado de todas estas representaciones del arquetipo del mandala es la posibilidad de acercar al creyente a su dios. Al contemplar estos edificios-mandala, el espectador se abstraería del mundo que le rodea para verse sumido en una paz que entraría en su corazón y en su alma, trasportándole de la tierra (cuadrado) al cielo (círculo), pero también hacia sí mismo y hacia sus orígenes.

LOS MANDALAS DE AMÉRICA

Tanto en América del Sur como en América del Norte, pueden verse mandalas dibujados en la tierra o sobre soportes más duraderos. Desde las pinturas de arena de los navajos (también plasmadas sobre tela), hasta el disco circular de los mayas y aztecas, los mandalas aún son empleados por muchas tribus en la actualidad.

Este es el caso del calendario maya (denominado *tzolkin* o «cuenta de los destinos») de 260 días, que aún continúa vigente en lo que se conoce actualmente como el «área maya» (que abarca la Península del Yucatán en México, Belice, Guatemala y las vertientes occidentales de Honduras y de El Salvador), utilizado por sacerdotes y curanderos para la adivinación. De fuerte carácter mandálico, se representa como un círculo dividido en 13 meses de 20 días cada uno, de forma

El calendario maya o tzolkin aún se emplea en la actualidad para la adivinación.

que cada día se combina rotando con un número del 1 al 13, hasta completar los 260 días del año. Cada uno de los días tiene un nombre y un numeral con una carga energética que lo conecta con la fuerza del cosmos. Al igual que los chakras orientales, cada día se encuentra bajo la protección de un dios, se relaciona a un rumbo del universo y a un color.

Sin embargo, además de ser símbolos rituales y sagrados, tanto en forma de imágenes como arquitectónicamente hablando, los mandalas de América también cumplen una función curativa como parte de las ceremonias de sanación (sobre todo en Norteamérica). Así, los navajos, por ejemplo, curaban heridas y enfermedades orgánicas me-

LA RUEDA MEDICINAL

Las denominadas Ruedas Medicinales de los nativos norteamericanos tienen forma de mandala y, desde tiempos remotos, expresan su concepción del mundo. Eran empleadas sobre todo para reunir las energías de todos los animales o seres vivientes, desde la Madre Tierra o el Padre Cielo, al Abuelo Sol y la Abuela Luna, los Árboles, los Animales o los Humanos, entre otros.

La Rueda Medicinal simboliza la rueda de la vida, siempre en evolución constante, así como la unión de todo lo disperso, de todos los aspectos de la vida, en un todo armónico. Es decir, la vida, la muerte y el volver a renacer, siempre respetando todos y cada uno de los diferentes pasos o etapas del camino.

Esta rueda aporta las lecciones necesarias para «caminar en equilibrio sobre la Madre Tierra», un concepto clave para entender la filosofía de vida de los nativos norteamericanos. Todas las lecciones son iguales y, según el proverbio, no se puede entender verdaderamente el corazón de una persona sino se ha caminado con sus mocasines.

Los hechiceros o chamanes se conectaban mentalmente con la naturaleza por medio de estas ruedas en forma de mandala. Los colores que las componen reflejan los determinados estados mentales o espirituales que se quieren conjurar o alcanzar mediante la meditación (véase la lista del significado de los colores en la página 76).

Una de las formas tradicionales de construir la Rueda Medicinal es situando doce piedras grandes en un círculo similar a la esfera de un reloj. En los cuatro puntos cardinales se disponen las mayores: primero, la del Sur, lugar donde se inicia la vida, después la del Oeste, seguida por la del Norte y finalmente la del Este, que es la última porque representa la puerta de entrada y, de este modo, el espacio del círculo se verá colmado por el espíritu que penetre.

Abajo, pintura que recrea la ceremonia de la lanza, con el espacio ritual en el centro y los hombres y mujeres danzando. En la página derecha, este Ensueño del agua es el lugar de la tribu mitológica de los Tingari, situada al norte del lago Mackay.

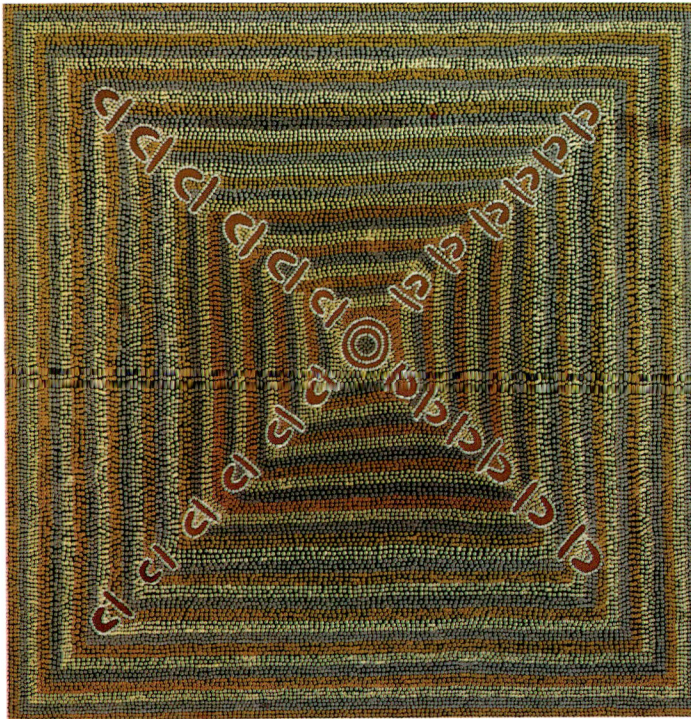

diante mandalas de arena. En general, estos mandalas constituyen la denominada Rueda Medicinal.

LOS MANDALAS DE AUSTRALIA

Se considera que los aborígenes (que significa literalmente «la gente que estuvo aquí desde el principio») son la raza viviente más antigua de todo el mundo. Sus sistemas religiosos tradicionales, a pesar de haber sido modificados debido a la conquista europea, han permanecido relativamente intactos tanto en el norte como en las regiones desérticas del centro del continente.

Los conceptos básicos religiosos son comunes a todas las tribus, aunque con diferencias debidas a las condiciones climatológicas, sociales o de lenguaje. Y común a todas las tribus es la idea de lo sagrado, así como de la interdependencia entre los dioses, la naturaleza y los seres humanos.

Ya sea en los grandes conjuntos de grabados rupestres, en la pintura sobre cortezas, en la decoración de los objetos cotidianos o en los diseños realizados en tierra y piedra (ya que pintan con sus lanzas inmensos círculos de hasta una hectárea en la tierra fértil como ritual para conservar todo aquello que vive), las estructuras mandálicas se encuentran muy presentes en la tradición aborigen.

En la actualidad, existe una verdadera escuela propia de pintores y escultores australianos, que emplean la tradición decorativa aborigen no sólo por sus aspectos estéticos, sino por sus valores simbólicos y culturales. Los elementos característicos de este arte son la serpiente, los círculos concéntricos, el zig-zag y la redecilla, así como los diferentes aspectos de los mitos.

Aunque sucedieron en el pasado, los mitos son para los aborígenes los relatos de hechos reales, cuyos protagonistas aún permanecen espiritualmente activos en la tierra. El mito central es el de la era del Sueño, en la que las divinidades viajaron a través del continente, creando el paisaje, los animales y los seres humanos. Cuando estas divinidades desaparecieron, dejaron su presencia en la tierra y en los habitantes. Por ello, los aborígenes creen que todos los seres humanos tienen dentro alguna divinidad, considerándose así como representaciones vivientes de éstas. Por su parte, las divinidades son las responsables de los ciclos naturales y del equilibrio global, a las que los seres humanos deben ayudar con rituales mágicos, tales como la creación de pinturas o grabados mandálicos.

LOS SÍMBOLOS DEL ARTE
DE LOS ABORÍGENES AUSTRALIANOS

Las pinturas australianas parecen intrincadas y abstractas. Sin embargo, son todo menos abstractas: derivan de las pinturas de las ceremonias que se realizaban en el desierto, construidas mediante arena, ocres, carbón vegetal, cal, plantas, cabellos y plumas.

Sólo a partir del 1970 se introdujo las diferentes técnicas de pintura sobre lienzo a los artistas aborigenes australianos.

En la actualidad, estos artistas dibujan no sólo los mitos y leyendas de sus ancestros, sino también las historias contemporáneas.

A continuación, mostramos los símbolos más comunes que se emplean en las pinturas australianas. De orígenes ancestrales, estos símbolos reflejan una visión del mundo íntimamente ligada a la naturaleza, sus elementos, así como a los animales.

Escudo, bandeja de madera.

Estrella.

Arco iris, nubes, boomerangs, cortavientos, costillas.

Lugar de acampada, pozo, piedra, fuego.

Lugar para sentarse.

Pozo de agua.
Corrientes de agua.

Persona.

Cuatro personas sentadas.

Emú.

Canguro.

Ser humano.

Hormigas, frutas, flores, lluvia, huevos.

Agua, serpiente, relámpago, cordón, gusano.

LA MEDITACIÓN CON MANDALAS

Apenas existe alguna cultura donde la meditación no haya tenido acceso a la religión: durante siglos, la meditación ha sido empleada para contemplar a las diferentes divinidades. Basada en los principios de la medicina terapéutica oriental, la meditación estuvo presente tanto en el hinduismo, como en el budismo, el sufismo, el zen o el cristianismo.

A partir de la meditación se desarrollaron ciertas técnicas corporales, tales como el Tai Chi Chuan chino o el yoga. Así, la meditación es la base de todas las clases de yoga. Ambas técnicas están estrechamente unidas, pues durante la práctica del yoga la mente debe permanecer en calma, obteniéndose mayores beneficios si ésta se encuentra centrada en un solo pensamiento. Sin embargo, mientras que el yoga parte de una relaja-ción física para obtener una relajación mental, la meditación parte de la relajación mental para obtener una relajación física.

De esta forma, a través de la meditación el yogui cultiva la atención pura, aprende a controlar sus reacciones, alcanza una visión clara, unifica la consciencia, purifica la mente y combate todos los pensamientos o reacciones mecánicas.

Paralelamente a estas técnicas corporales también surgió **la meditación con imágenes**.

Los primeros mandalas se remontan a la época de florecimiento del hinduismo en la India, entre el 1.200 y el 300 antes de nuestra era. Del hinduismo surgió el budismo, que en un principio fue totalmente contrario al uso de imágenes. Sin embargo, en el budismo tibetano los mandalas se incorporaron a las ceremo-

LA MEDITACIÓN EN ORIENTE

Para entender con plenitud la esencia de la meditación, debemos comprender la visión del cuerpo humano en las religiones orientales.

Según el yoga o el tantra, el ser humano es un cúmulo de energías que fluyen tanto a través de los canales por los que circula la energía vital del cuerpo (denominados *nadis*), como a través de unos puntos de concentración energética (los chakras). Mediante la meditación, unida a ciertas técnicas específicas, el discípulo puede conservar la energía o fuerza vital, purificar los *nadis* y reactivar los chakras, alcanzando un equilibrio entre el cuerpo y la mente.

nias religiosas, siendo su finalidad la iluminación y la entrada en el nirvana.

Por otra parte, los cristianos y los musulmanes también emplearon desde antaño ciertas representaciones para la contemplación religiosa. Así, es conocido el *Cuadro de la Trinidad*, del códice de santa Hildegard von Bingen, cuya composición es la de un mandala. Del mismo modo, las caligrafías con las que se encuentran decoradas las mezquitas islámicas son, en su expresión artística, mandalas ante los que los musulmanes se inclinan devotamente.

¿QUÉ ES LA MEDITACIÓN?

La meditación es una técnica que vacía la mente de todo pensamiento, permitiéndonos olvidar todas las preocupaciones, ya sean del trabajo, familiares, del entorno o de nosotros mismos. Se diferencia de la relajación por el hecho de que es un proceso activo: a pesar de que la relajación es necesaria para practicar la meditación y aunque con la meditación también se obtiene una relajación física y mental, la meditación es un proceso activo, pues la persona que la practica dirige de forma consciente su atención al objeto de meditación.

Gracias a la meditación, se consigue descargar las tensiones corporales y, por tanto, obtener una relajación física y emocional. Los análisis científicos hallaron que el cerebro emite cuatro tipos de ondas diferentes, cada una con un ritmo propio característico, que son: la onda beta, que refleja el ritmo normal de la conciencia cotidiana; la onda delta, emitida mientras dormimos y mientras soñamos; la onda theta, emitida durante un estado semejante al sueño; y, finalmente, la onda alfa, que refleja un esta-

BENEFICIOS DE LA MEDITACIÓN

- **Es saludable:** Todas las técnicas de meditación sirven para alcanzar una profunda relajación física y espiritual, reduciendo la presión arterial, relajando la presión muscular y, cuando se combina con suaves estiramientos, ayudando a relajar la tensión corporal. Además, ayuda a combatir la ansiedad, la fatiga o la depresión. Psicológicamente, la meditación nos enseña tolerancia y compasión, y mejora nuestro comportamiento general al hacernos profundamente conscientes de nuestros propios pensamientos y sentimientos antes de actuar a partir de ellos. También refuerza la concentración, permitiendo que nos centremos más en cualquier actividad sin un estrés excesivo.

- **Es oportuna:** En un mundo convulso, lleno de confusión y malentendidos, la capacidad de permanecer en calma y ser compasivo es una necesidad urgente. La meditación nos ayuda a mejorar estas cualidades mediante el arte de la observación acrítica. Gracias a ella se pueden identificar las emociones destructivas, las pautas de comportamiento y las reacciones mientras se forman. De esta forma, al identificarlas, podemos evitar las propias reacciones y aprender de éstas. Y cuando esto se produce, también podemos evitar las reacciones de los demás y sortearlas.

- **Es regenerativa:** La meditación enseña a conservar y regenerar la energía. Mediante el poder de la atención, observación y relajación, podemos aprender a maniobrar entre las responsabilidades con más facilidad y eficacia, evitando el agotamiento físico y mental.

- **Es conocimiento:** No olvidemos que si aprendemos a equilibrar la mente y el cuerpo, podremos reconocer los desequilibrios internos (emocionales o corporales) cuando aparezcan y, así, restablecernos en el presente y prevenir los posibles contratiempos en el futuro.

- **Es espiritual:** Por último, a través de la meditación se aumenta la capacidad de percepción de todo aquello que está más allá de lo tangible o visible. Por ello, mediante su práctica se pueden vivir experiencias básicas de lo sagrado, traspasándose así el estado físico y accediendo a lo puramente espiritual.

do de relajación profunda, tanto física como emocionalmente, en el que la mente está relajada a pesar de seguir despierta y alerta. Tanto la onda theta como la alfa se generan durante la relajación profunda y la meditación.

Al mismo tiempo, gracias a la práctica de la meditación se desarrolla de forma gradual la habilidad de observar y controlar los propios pensamientos. Esto permite vaciar la mente incluso de nuestro propio yo: todos los ejercicios de meditación están ideados para distanciarnos de las ideas preconcebidas que tenemos de nosotros mismos.

La gran mayoría de las personas creen ser simplemente sus necesidades corporales o sus impresiones mentales. Sin embargo, justamente por el hecho de observar la mente, podremos darnos cuenta de que somos mucho más que lo que percibimos superficialmente. Además, mediante esta técnica podemos trascender el nivel de conciencia que empleamos normalmente durante el día y conocer nuestros pensamientos inconscientes.

Así pues, la meditación es tanto la supresión de los pensamientos, como también el pensamiento correcto. La verdadera meditación no dura unos minutos ni unas horas: cambiará nuestra vida.

Aunque innumerables, las metas de la meditación pueden ser divididas en prácticas, médicas o espirituales.

En primer lugar, la meditación tiene una finalidad práctica cuando sirve de ayuda para realizar una acción. Así, es la base de muchas técnicas tradicionales de artes marciales, siendo también empleada por los deportistas para aumentar la concentración y el rendimiento (tanto por atletas profesionales como por aquellas personas que practican usualmente algún deporte), o por los músicos, los actores y los bailarines para

desarrollar la creatividad y preparar su actuación sobre el escenario. De la misma forma, muchos estudiantes también emplean técnicas de meditación para eliminar la tensión, aumentar su capacidad de concentración y preparar los exámenes.

Por otra parte, la meditación también puede emplearse con finalidades médicas, incluyendo todo tipo de terapias y curaciones específicas, así como para conservar la salud y el bienestar. Gracias a esta técnica es posible aliviar dolores localizados, curar enfermedades psicosomáticas y ayudar en aquellos casos en los que las enfermedades se ven agravadas por desórdenes emocionales.

Por último, a través de la meditación se puede crear un equilibrio entre el cuerpo, la mente y las emociones.

MEDITACIÓN CON IMÁGENES Y MANTRAS

La meditación puede no basarse en objetos y realizarse sin necesidad de complicadas posturas físicas, sino sólo sentándose. Sin embargo, la meditación no implica necesariamente sentarse con las piernas cruzadas y repetir constantemente ciertas palabras, aunque algunas personas la alcancen así.

En realidad, existe un gran número de técnicas para alcanzar la meditación, entre las que podríamos destacar, entre muchas otras, las siguientes: la concentración de la mente en un objeto, un sonido, una figura geométrica, un color o un concepto; la percepción y concentración en el silencio interno; ejercicios de visualización para propiciar un estado anímico positivo; así como técnicas de percepción de una acción del propio cuerpo o de la mente, sin interpretar lo percibido.

Así pues, el centro de la meditación será diferente para cada persona, pudiendo ser, por ejemplo, una flor, una vela, un sonido o la propia respiración. Por otra parte, la meditación puede realizarse adquiriendo una determinada postura, aunque también a través del movimiento de la danza.

Desde hace miles de años, también se han empleado en las religiones orientales otras técnicas de meditación basadas bien en las palabras, como los **mantras** o los **koan**, bien en imágenes, tales como los **yantras** o los **mandalas**.

Los **mantras** son sonidos de una o más sílabas cargadas de energía —por ejemplo, *Om, Ham* o *Ri*—, que se entonan de una forma mental o se pronuncian durante la meditación.

Se considera que representan a ciertos pensamientos sagrados o plegarias y que deben repetirse con plena comprensión de su significado.

El mantra permite la concentración rigurosa de la mente tanto en los sonidos, como en su significado, en lo que simboliza. No son oraciones para adorar o suplicar algo a la divinidad, sino formas pronunciadas según unas rigurosas reglas de ritmo y acentuación, y cuya finalidad es conectar el ser individual con el ser supremo. Estos sonidos específicos producen resonancias que, a su vez, combinadas con el ritmo del mantra, amplían la conciencia y elevan el entendimiento.

Según el budismo y el hinduismo, los mantras espirituales hacen presente en el ser individual a la deidad específica, cuya esencia sonora es similar a la del mantra. Existe un gran número de mantras, siendo la función de cada uno diferente. Así, hay mantras de curación, de poder, místicos o aquellos que invocan al ser interior o a la energía cósmica.

Por otra parte, los **koan** son preguntas que no pueden ser respondidas mediante la razón y la lógica. Son empleados para la meditación, sobre todo en el budismo zen, pues amplían el pensamiento, estimulan la intuición y promueven la meditación. Uno de los koans más antiguos y conocidos, todavía empleado en las sesiones de meditación, es el siguiente: «*¿Qué sonido tiene una palmada dada con una sola mano?*».

Los yantras se emplean tanto para convocar a los dioses como para facilitar la meditación. Sin embargo, también pueden tener una intención mágica, como el yantra protector de la imágen.

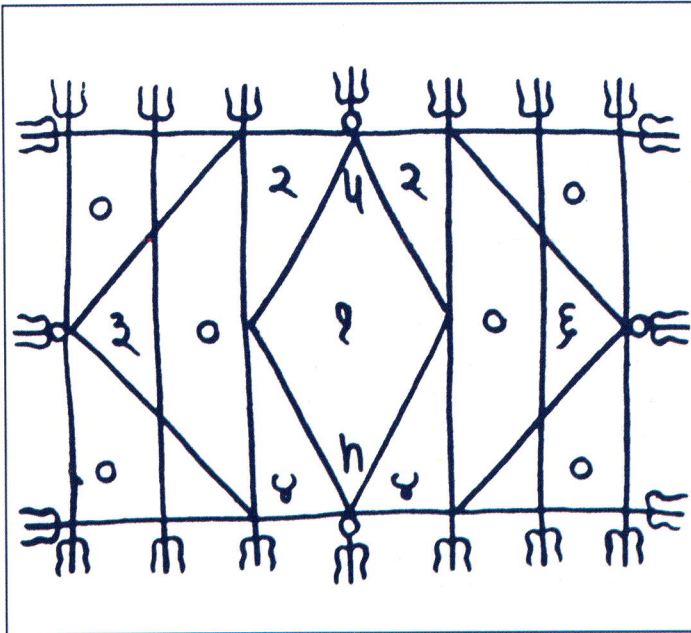

Por último, los **yantras** son unas figuras geométricas que representan la naturaleza vibratoria de las divinidades. Son empleados en el tantrismo y sus imágenes son exclusivamente geométricas (el círculo, como símbolo de la unidad; el punto, el todo; el cuadrado, lo material; el triángulo, los principios masculino y femenino). Así pues, representan la esencia de las divinidades, pero no su forma completa.

Por ejemplo, para representar a la diosa madre (Sakti) se emplea un triángulo rojo con la punta hacia abajo como símbolo de su feminidad; más aún, este triángulo simboliza una parte de la diosa (su vulva) como su esencia: es el principio femenino. Shiva, que es su pareja, se representa como un triángulo blanco con la punta hacia arriba. Su unión es una estrella de seis puntas.

Estas imágenes triangulares se ven habitualmente rodeadas por el círculo, que las sacraliza y realza.

Los yantras se emplean tanto en la meditación, para que la mente pueda acceder a lo que se encuentra tras las figuras, como con el fin de lograr éxitos materiales a través de la invocación mágica. En la meditación, los yantras se complementan con los mantras, de forma que los primeros son las representaciones visuales, la visualización meditativa, mientras que los segundos son el sonido.

Por otra parte, tanto los yantras como los **mandalas** son representaciones visuales de la deidad. Sin embargo, mientras los mandalas representan a cualquier *deva* o divinidad, cada yantra simboliza un *deva* concreto.

LA RESPIRACIÓN

La respiración es inseparable del proceso de la autoconcienciación. En sánscrito, *prana* define tanto a la respiración, como a la vida y la energía. Por tanto, estas tres palabras se consideran equivalentes, implicando el significado esencial de la respiración para nuestra salud física pero también espiritual. Y es que la respiración es, sin duda, vida.

En Occidente, hemos reducido la respiración a un mecanismo inconsciente y automático del que solamente nos acordamos cuando, por alguna razón, nos quedamos sin aliento. Sin embargo, debemos recordar que la respiración refleja nuestro estado de salud e incluso nuestro estado de ánimo, pudiendo darse alteraciones de su ritmo según nos encontremos relajados o nerviosos, tranquilos o asustados, descansando o después de una larga sesión de ejercicio agotador.

Para los hinduistas y budistas, la respiración es esencial para la vida, ya que recorre, libera y aligera el cuerpo, al que consideran como un «templo de lo divino». Todos los ejercicios de meditación, visualización o de técnicas tales como el yoga, se combinan siempre con un ritmo de respiración guiado de forma

LA RESPIRACIÓN YÓGUICA

El yoga contempla cuatro etapas de la respiración esenciales para poder concentrarse:

1. La inspiración (*puraka*).
2. La pausa de respiración, una vez los pulmones se encuentran llenos, (*antara kumbhaka*).
3. La espiración (*recaka*).
4. Y la pausa de respiración una vez los pulmones se encuentran vacíos (*bahya kumbhaka* o *shunyaka*).

consciente, ya que así se puede alcanzar una concentración plena. De este modo, las asanas de Yoga (posturas que se deben adoptar para realizar los diferentes ejercicios) se acompañan de una serie de técnicas de respiración específicas, ya sea para purificar el organismo, para aumentar la concentración o para alcanzar los niveles de meditación y concienciación más elevados.

Así pues, según la tradición oriental, la respiración no debe ser sólo un estado de contemplación momentáneo, sino una actitud real en la vida: cada uno de nuestros actos debería acompañarse siempre de una respiración, un sentimiento y un entendimiento consciente.

Para los occidentales, quizás esto nos resulte extraño y hasta imposible de comprender. Sin embargo, el cansancio o los dolores de cabeza pueden ser debidos a nuestra forma de respirar. Pero vayamos por pasos. Cada una de las células de nuestro organismo utiliza el oxígeno como combustible. Aunque no seamos conscientes, respiramos en un sólo día entre 16.000 y 23.000 veces. Como resultado de las malas posturas adoptadas durante el día, sobre todo cuando pasamos muchas horas sentados en el trabajo, respiramos con el pecho, expandiendo sólo la parte superior del abdomen al inspirar. Esto provoca que el metabolismo celular funcione de forma más lenta, aumentando así el cansancio, la fatiga, la tensión y la aparición de dolores de cabeza. Por otra parte, el

RESPIRAR PARA RELAJARNOS

Para respirar de una forma profunda y relajante, aconsejamos practicar los ejercicios siguientes:

- Mantendremos un ritmo respiratorio regular y constante.

- Intentaremos conservar una inspiración lenta y profunda, al igual que la espiración, de forma que la velocidad de ambas sea constante e igual.

- En las sucesivas sesiones, se ampliará la duración de las inspiraciones y de las espiraciones.

- Las pausas de cinco minutos entre los ejercicios respiratorios nos permitirán disfrutar del estado de relajación conseguido.

Esta respiración regular y profunda permite descansar de una forma más placentera durante las horas de sueño, pero también reducir la tensión y la irritabilidad, aumentar el propio rendimiento profesional debido a una mayor concentración mental y, además, ayudará a prevenir trastornos nerviosos, úlceras, etc.

estrés y los ataques de ansiedad están con frecuencia muy relacionados con la hiperventilación, es decir, con una respiración demasiado rápida y profunda.

Por ello, para sentirnos relajados y sanos debemos lograr un equilibrio entre el oxígeno y el anhídrido carbónico. La proporción de ambos en el cuerpo regula la respiración: inspiramos cuando el nivel de anhídrido carbónico en la sangre la vuelve más ácida. Este equilibrio se puede obtener respirando rítmicamente con el diafragma, de forma que los pulmones se llenen adecuadamente de aire. Sin embargo, si la caja torácica está contraída y cóncava, la respiración se llevará a cabo en la parte superior del tórax, empleándose sólo una cuarta parte de la capacidad pulmonar. Esto fatiga

el corazón, pues tendrá que bombear más sangre para obtener la misma cantidad de oxígeno, aumentando la presión sanguínea. Así pues, adoptar una postura correcta es esencial.

CÓMO MEDITAR CON UN MANDALA

La meditación con los mandalas es realmente sencilla, no requiere de posturas complejas, ni de técnicas complejas: sólo el hecho de contemplar los mandalas, sentados cómodamente, permite alcanzar los niveles alfa de relajación profunda, en los que nuestra mente se encontrará relajada, además de abierta y alerta.

El tiempo mínimo de observación recomendado es de tres minutos, para después, poco a poco, ir incrementando hasta cinco minutos cada uno. No por mucho observar el mandala se obtendrán mejores efectos, ya que una vez nuestra mente capte el estimulo visual, se llevarán a cabo los procesos de cambio.

POSICIONES Y PASOS PREVIOS A LA MEDITACIÓN

Ante todo, se debe elegir un lugar tranquilo, en el que podamos estar solos durante aproximadamente media hora sin ser interrumpidos, así como una postura en la que podamos sentirnos cómodos durante toda la meditación, sin que aparezcan molestos dolores en las rodillas o en la espalda que distraerían nuestra mente. Por otra parte, será necesario tener una cierta actitud meditativa, de forma que la mente no se entretenga en los problemas del trabajo o familiares.

El objetivo de la meditación es obtener un equilibrio entre la mente y el cuerpo, por lo que es muy importante adoptar una posición correcta. No existe una postura especialmente correcta, sino que ésta dependerá de cada persona: algunas personas les gusta sentarse en una silla, mientras que otras prefieren sentarse en el suelo.

En cualquier caso, el cuerpo debe permanecer relajado, sin crear molestias, calambres o entumecimiento. Por ello, si se padece tensión en la espalda o en las extremidades, es aconsejable tenderse en el suelo. Sin embargo, tampoco debemos estar cómodos en exceso, pues podríamos quedarnos dormidos.

TÉCNICAS DE MEDITACIÓN

A continuación, mostramos una serie de técnicas para iniciarse en la meditación. Resultarán muy útiles como pasos previos a la meditación con mandalas, es decir, para adquirir la práctica en la meditación. Por ello, aprender a dejar la mente en blanco o a centrarla en la propia respiración, resultará especialmente eficaz para ignorar todo pensamiento que pueda interrumpir la concentración, acostumbrándonos además a la sensación que nos aportará estar relajados, libres del constante «discurso interno» y de los juicios o conceptos previos que dañarían la experiencia. De esta forma, podremos meditar sobre un mandala de forma más satisfactoria.

LA POSTURA CORPORAL CORRECTA PARA LA MEDITACIÓN

A continuación mostramos la forma correcta de adoptar diferentes posturas para obtener una meditación plena.

- **Sentarse en una silla:** La espalda deberá estar recta, la cabeza erguida y las plantas de los pies deben tocar el suelo. Las piernas no deberían estar cruzadas para evitar el peligro potencial de cortar la circulación y la necesidad de cambiar de postura a mitad de la práctica. Por la misma razón, tampoco se debería cruzar los brazos, sino descansar suavemente en el regazo.

- **Sentarse en el suelo:** La espalda estará recta, la cabeza erguida y las manos descansarán sobre los muslos, de forma que se encuentren relajadas. Pueden cruzarse las piernas o, si se tiene dificultades para hacerlo, sentarse en un cojín grueso. Esta postura permite que la parte inferior de la espalda se relaje en una posición natural. Para que la espalda no pueda encorvarse, también podemos apoyarla en la pared o en la cama.

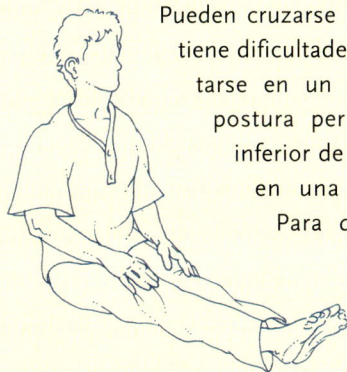

- **Posición del loto:** En el yoga, ésta es una de las posturas básicas para sentarse. Recibe este nombre porque la posición de las manos y de los pies recuerda los pétalos del loto. Para realizarla, nos sentaremos con las piernas hacia delante, extendidas. Después, doblaremos la pierna izquierda llevando el talón a la ingle y levantamos el pie hasta la parte superior del muslo derecho. Haremos lo mismo con la pierna derecha, de forma que el pie derecho descanse sobre el muslo izquierdo. Enderezaremos la columna, presionando ligeramente hacia delante: la posición se mantendrá sola.

- **Posición del medio loto:** Si nos resulta difícil adoptar la postura anterior, se puede realizar la posición del medio loto. Para ello, nos sentaremos con las piernas extendidas. A continuación, doblaremos la pierna derecha, colocando el pie junto a la ingle izquierda y levantaremos el pie hasta la parte superior del muslo derecho. Después, doblaremos la pierna izquierda, situando el pie debajo de la pierna derecha. Enderezaremos la columna vertebral, manteniendo la cabeza y el cuello erguidos.

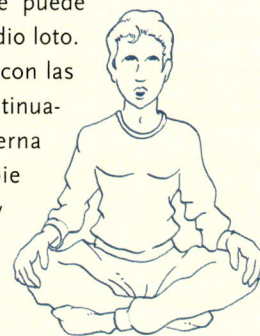

- **Estirarse en el suelo:** La columna vertebral deberá permanecer recta, las manos a ambos lados del cuerpo, mientras que los hombros y el cuello estarán completamente relajados.

Aunque esta postura resulta muy relajante, es aconsejable escoger una habitación que no nos incite al sueño.

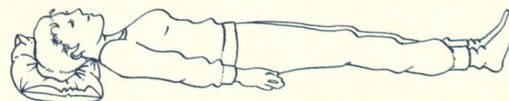

DEJAR LA MENTE EN BLANCO. Al principio, podemos sentirnos muy desanimados al ser incapaces de llevar la mente a un estado de vacío. Por ello, el primer paso para iniciarse en la práctica de la meditación es limpiar el subconsciente y liberar así el pensamiento de los miles de pensamientos que puedan surgir.

El siguiente ejercicio consistirá en seguir los tres niveles del proceso del control de los pensamientos y expansión de la mente, basados en la meditación yóguica.

Primero, se realizará un proceso de observación de los pensamientos (basado en el primer nivel denominado *pratyarhar*), intentando verlos desde fuera, es decir, sin tomar partido. Esto nos ayudará a descartar todo pensamiento que pueda impedir la meditación.

Seguidamente, se fijará la mente en un solo punto, de forma que sea posible detener o fijar la dirección de nuestros pensamientos. Esta práctica (llamada *dharana*), permite fijar la mente hasta conseguir detener «el diálogo interno». Con este fin, podemos utilizar una concentración visual en un objeto que sea de nuestro agrado, en ciertas palabras o mantras, o una concentración sensorial que dirija nuestra atención al proceso respiratorio.

Por último, con la meditación propiamente dicha (denominada *dhyana*) podremos dirigir y controlar nuestros pensamientos, obteniendo así una relajación tanto física, como mental y emocional.

Esta técnica nos enseñará a centrar la mente sólo en una actividad, en lugar de sabotear nuestros esfuerzos con juicios severos y peticiones irrealizables. Este es el verdadero poder de la meditación: aprender a ser conscientes de lo que ocurre en realidad, sin colorearlo con viejos recuerdos, hábitos o conceptos previos. Ser plenamente consciente también significa estar en verdad presente en las experiencias de la vida.

MEDITAR CON LA MENTE CENTRADA EN LA PROPIA RESPIRACIÓN. Aunque las técnicas de meditación son muchas y muy diversas, la meditación sobre el propio proceso de respiración puede considerarse una de las más eficaces y básicas. Sus efectos relajantes serán inmediatos.

Centraremos la mente en la propia respiración, observando cómo inspiramos por la nariz y sintiendo cómo entra el aire en el abdomen, hasta llenar por completo los pulmones. Permaneceremos unos segundos relajados antes de expulsar el aire con suavidad. Luego tensaremos los músculos del abdomen y permaneceremos así unos segundos. Finalmente, repetiremos este proceso, intentando imaginar cómo la energía recorre el cuerpo al inspirar y lo abandona al espirar.

Si la mente se distrajera, no la forzaremos, sino que la devolveremos a la respiración una y otra vez. No se trata de fuerza. Se trata de paciencia, tolerancia y persistencia. Es muy importante concederse un margen de error, perdonando las distracciones de nuestra atención mientras se producen y regresando a la respiración siempre que se produzcan. Mediante la meditación en el ritmo respiratorio aprenderemos a identificar estas distracciones mientras se crean y a rechazarlas, no prestándoles atención.

Se dedicarán entre cinco y veinte minutos a este tipo de meditación, aumentándolo si deseamos una vez ya tengamos práctica.

LA CURACIÓN POR MEDIO DE LA MEDITACIÓN

Muy a menudo padecemos trastornos físicos debidos al estrés y las tensiones, tales como un gran nerviosismo, dolor de cabeza y dolores musculares. Éstos son signos de alarma que implican que la persona se encuentra desbordada por las circunstancias, imponiéndose un tiempo para poder descansar y relajarse. Los afectados no son sólo los adultos, sino que también los niños sufren nerviosismo y falta de concentración, o trastornos del comportamiento y el desarrollo causados por su estado anímico.

Y es que estos síntomas implican que la persona ha perdido su unidad interior debido a diversos problemas.

Existen varias posibilidades de devolver a nuestra alma la armonía, de recuperar la unidad. Estas posibilidades comprenden desde la meditación o los ejercicios de relajación y respiración, hasta la terapia en la consulta del psicólogo. Sin embargo, y de manera creativa, también podemos hacer algo por nosotros mismos pintando mandalas y, de esta forma, recuperar la salud paso a paso.

MEDITAR CON LOS MANDALAS

1. Observar el mandala durante unos minutos y, después, cerrar los ojos para recrearnos en la imagen que tenemos del mismo, en su visualización. Si se pierde dicha imagen, se repetirá el proceso.

   Concentrarse con los ojos cerrados es un modo excelente de evitar el proceso normal de la vista y observar la corriente propia de pensamientos e imágenes. La concentración en objetos permite ordenar y centrar en un solo punto toda la profusión de datos del cerebro.

   No es necesario que, al cerrar los ojos, veamos realmente el mandala; lo importante es, en realidad, la imagen que construimos de éste, así como todas las imágenes que puedan surgir en el proceso de meditación.

   En este caso, no se deberán rechazar las imágenes, sino observarlas y dejarlas fluir, ya que el factor más importante es estimular los procesos espontáneos propios. De esta forma, se estimulará la creatividad y la capacidad de eliminar todas las respuestas condicionadas para alcanzar el subconsciente.

2. Dispondremos un mandala que sea de nuestro agrado a cierta distancia. A continuación, concentraremos toda nuestra atención en dicho mandala, mientras tomamos conciencia de nuestra propia respiración, aunque sin forzarla.

   Llevaremos a cabo cinco respiraciones completas, mientras repasamos todos los pensamientos que nos preocupan en ese momento, sin intentar suprimirlos. Poco a poco, todos los pensamientos serán absorbidos por el objeto de la meditación.

   Una vez efectuado el paso anterior, concentraremos el pensamiento en el mandala, intentando ser perseverantes.

   Cuando la mente ya esté en blanco, intentaremos alargar todo lo posible ese espacio de tiempo, procurando siempre que la mente esté vacía y en completo silencio.

   Una vez alcanzado este estado de meditación en silencio, respiraremos profundamente, poco a poco, para reanudar la actividad normal de una forma correcta, realizando unas respiraciones antes de empezar a mover nuestro cuerpo lentamente para abandonar la meditación.

3. Por último, también podemos observar el mandala y permitir que nuestros pensamientos fluyan alrededor de éste; es decir, permitir que nuestra mente nos comente todo lo que está viendo y qué siente.

Solamente desde su interior el ser humano puede realmente sanar, física o anímicamente, y almacenar nueva energía para vivir en un mundo caótico en el cual sus energías serán nuevamente fragmentadas.

Desde hace miles de años, se emplea la meditación para encontrar el propio centro, la fuente donde se puede reconstruir la fragmentación.

Durante el proceso de la meditación, el ser humano puede regresar, en cierta manera, a la totalidad, a la unidad, permitiendo que la persona que medita sienta una profunda tranquilidad, arraigo y energía.

El individuo abandona su estado racional: si consigue la contemplación en su interior, alcanzará otro estado que está antes del razonamiento, encontrándose a través de los mandalas con lo que se podríamos llamar «el jardín de su alma».

Ésta es una de las razones principales por las que la meditación con mandalas es uno de los métodos más efectivos para proporcionar una relajación física, pero también un equilibrio psíquico y anímico.

LOS MANDALAS COMO CAMINO PARA LA BÚSQUEDA DEL PROPIO YO

El efecto terapéutico de los mandalas tiene sus raíces en la búsqueda del ser humano hacia su interior. El hombre es el centro de su propio espacio ytiempo personal, desde el que recibe la influencia del universo (entendido como las influencias externas de la naturaleza, los acontecimientos, etc.).

Todo aquello que se sitúe delante, detrás, a su izquierda o a su derecha se convierte en los cuatro puntos cardinales;

Yantra de Khadga-ravana *para el bienestar de los niños.*

EL EFECTO TERAPÉUTICO DE LA MEDITACIÓN CON MANDALAS

Gracias a la meditación podemos aprender a descansar y saborear cada momento, creando pausas «para recuperar el aliento», de forma que, tras una breve sesión de meditación, podemos continuar con nueva energía y atención renovada.

Es decir, permite recuperar la energía gastada, descansar la mente y el cuerpo, y aumentar la resistencia.

Además, durante la meditación se producen los siguientes efectos físicos:

- Igual que durante el sueño, disminuye el consumo de oxígeno y la frecuencia respiratoria, así como la presión sanguínea y el nivel de ácido láctico.
- Aumenta la resistencia eléctrica de la piel, por medio de la cual se puede medir el grado de relajación de la persona que medita.
- Desaparecen las múltiples formas de tensiones del cuerpo, sobre todo si se trabaja creativamente con el mandala.

- Pueden curarse los dolores de cabeza causados por las tensiones y el agarrotamiento en la espalda y en la nuca.
- También se relaja las tensiones musculares de origen psicológico.

En resumen, la meditación es práctica como disciplina general y como herramienta del equilibrio. Como disciplina general, hace más profunda y despierta la consciencia de las propias capacidades y talentos únicos.

La autoconfianza aumenta y nos brinda la oportunidad de asumir riesgos, disfrutar de la vida y combatir el estrés.

Como herramienta de equilibrio, esta meditación con mandalas nos ayuda a que nuestros objetivos sean claros, proporcionando un apoyo para aquellas circunstancias que, de otra forma, acabarían por descentrarnos emocionalmente.

todo lo que se encuentra encima o debajo, se convierte en los cielos o en la tierra; el ayer y el mañana se convierten en el tiempo pasado o el tiempo futuro. Y el centro de todo ello es siempre el individuo, el portador de la conciencia del eterno momento presente.

Por ello, para muchas personas el mandala es la conciencia sagrada, el conocimiento de todo lo que nos rodea, influye y, a la vez, caracteriza: todo lo que nos atañe, porque surge de nuestro interior o porque nos afecta desde el ex-

terior. De ahí la sentencia hermética: «Dios es una esfera inteligente cuyo centro se encuentra en todas partes y cuya circunferencia no se encuentra en lugar alguno».

Como una herramienta para el proceso de crecimiento, la interacción de los diferentes elementos del mandala ayuda al individuo a concentrarse en el propio mandala, incrementando su relación con éste. Es decir, cada parte está íntimamente ligada y forma el todo. Se puede observar esto en la naturaleza, por ejemplo, en un copo de nieve o en una criatura microscópica del océano. Cada una se encuentra dentro de un todo orgánico, permitiendo que el todo desarrolle su función con facilidad. Y, de la misma forma, el ser humano está ligado a todo del universo, formando a su vez un mandala en sí mismo.

Pero este mandala personal debe ser desarrollado y creado desde cero por cada individuo. Todas las personas deben concentrarse en su interior, para así alcanzar sus coordenadas y, desde estas, su centro, de forma que pueda desbloquear las energías que este centro contiene.

Entre los tibetanos, el mandala sitúa al individuo en una identificación completa con su ritmo.

El individuo experimenta así su relación con los ritmos cósmicos, comprendiendo que no sólo es en sí mismo un universo de estructuras interrelacionadas, sino que también él pertenece a un universo mayor.

CÓMO CURARSE PINTANDO MANDALAS

A *medida que se pintan (los mandalas), el dibujo parece desarrollarse por sí solo y, a menudo, en contraposición a las intenciones conscientes de cada uno.*

JUNG, *A Study in the Process of Individuation*

MEDITAR PINTANDO

Gracias a su única forma concéntrica, el mandala es un modelo de meditación ideal que ayuda a alcanzar la relajación, siendo apto tanto para aquellas personas que no han meditado antes, como para las que sufren estrés, tensiones e incapacidad para concentrarse. La pintura creativa reforzará el proceso de abstracción y de autoconcienciación.

Quien dibuja o pinta un cuadro de vez en cuando, o quien recuerda haberlo hecho en su infancia, sabe cuánta satisfacción proporciona la creación. Esto se debe a que, mientras pintamos, establecemos un contacto con nuestro yo interno, con nuestra intuición y con los sentimientos —ya sean negativos o positivos— que nos puedan invadir durante el proceso de creación. De esta forma, desaparecen muchas tensiones, nos tranquilizamos y a menudo mejora nuestro estado de ánimo. Incluso las personas que no han vuelto a pintar desde su infancia o quienes piensan de sí mismos que no son creativos, también pueden darse cuenta que poseen esta faceta artística.

Los efectos que ejerce sobre la mente y el alma el acto de pintar o dibujar los mandalas tienen su raíz, por un lado, en la técnica de pintura, que ya de por sí es meditación, y, por otro lado, en los modelos de los mandalas circulares, en los

LOS EFECTOS TERPÉUTICOS DE PINTAR MANDALAS

- Pintar mandalas es una terapia muy efectiva para muchos problemas espirituales, tal y como reconoció el psicólogo C. G. Jung. Una de sus principales ventajas es que no necesita de un especialista: es el individuo quien se descubre a sí mismo tan sólo con la ayuda de una actitud contemplativa, un cierto tiempo libre, tranquilidad y lápices, colores o pinceles.

- Pero si pintar los mandalas es efectivo, el hecho de elegir el mandala a pintar permite reforzar los estados anímicos positivos o superar los negativos. Elegimos por intuición, permitiendo a la mente que elija el que más «le apetece» pintar. Y aunque cada mandala puede ayudar a superar un estado anímico, nadie es unidimensional y muchas veces debemos luchar contra varios estados anímicos que se presentan al mismo tiempo.

que todos los elementos dirigen la mente hacia el centro.

LAS POSIBILIDADES TERAPÉUTICAS

Todas las preocupaciones y dificultades anímicas provienen de la falta de unidad o de la pérdida del propio centro. El trabajo creativo con los mandalas, por su estructura concéntrica, aporta las energías necesarias para recuperar la tranquilidad, para que nos sintamos tan «redondos» y completos como el mandala.

Debemos tener en cuenta que los mandalas son más que pinturas estáticas: se encuentran en la naturaleza y en el ser humano. Es decir, las fuerzas del mandala son al mismo tiempo nuestras propias fuerzas, despertándose durante el proceso meditativo. Al trabajar con el modelo, equilibramos de forma inconsciente nuestro interior, nivelamos las fuerzas interiores y exteriores y, además, nos desarrollamos.

De este modo, pintar mandalas puede aportar las siguientes posibilidades terapéuticas:

RECUPERAR LA ENERGÍA. Tanto si se utiliza el mandala para fines religiosos, como para alcanzar la relajación a través de la meditación, con sólo contemplar intensamente un mandala, nuestro estado mental y anímico se equilibra.

Una vez escogido el modelo a pintar, es recomendable observarlo detenidamente durante unos minutos, permitiendo que su estructura nos penetre mientras efectuamos unos ejercicios de respiración. Poco a poco, tendremos la sensación de que el mandala se mueve o de que la imagen central vibra. Esto no se debe a un engaño óptico: los análisis científicos permitieron constatar la transmisión de energía por el simple hecho de contemplar los mandalas, hallándose que ciertos músculos del cuerpo de la persona que lo contempla reaccionan al aumento de energía.

Así, observar el símbolo circular puede llenar a la persona de energía antes de empezar a pintar el mandala. La luz que proviene del mandala penetrará en el interior de quien lo contempla, al mismo tiempo que una intensa tranquilidad invadirá su mente. Tranquilidad que se verá incrementada en el proceso creativo de elegir los colores y pintar el dibujo.

Desprenderse de las preocupaciones. Sólo la persona que ha pintado es capaz de medir la intensidad del aumento de energía que se experimenta mientras se está ocupado creativamente con las formas de un mandala. Y es que mientras pintamos, podemos olvidar lo que nos rodea: los músculos se relajan y tanto las preocupaciones como los disgustos desaparecen. Nos senti-

CIRCUNSTANCIAS EN LAS QUE SON ESPECIALMENTE ÚTILES

Los mandalas resultan de gran ayuda en ciertas circunstancias. Si una o más de las siguientes situaciones nos afectan, meditar y pintar los dibujos de este libro aportará un gran fortalecimiento:

- Acumulación de resistencias interiores debido a conflictos no resueltos
- Problemas de autoestima
- Cierta sensación de desequilibrio interno
- Miedo a perder el control de uno mismo
- Pesimismo y depresión
- Irritación y agresividad ante hechos sin importancia
- Presencia de ciertos problemas o hábitos que se intentan disimular (tales como una ansiedad excesiva, dependencia a sustancias tales como el alcohol, tabaco, etc.)
- Hipersensibilidad.
- Sensación de habernos estancado.

mos bien, seguros y concentrados en nosotros mismos. Por ello, la meditación con mandalas resulta muy eficaz para todas aquellas personas que busquen encontrar la armonía.

DESCUBRIR EL MUNDO INTERIOR. Antes de empezar el proceso curativo, tiene lugar de forma inconsciente un proceso que afecta a la armonía del alma. Gracias a su estructura básica, la contemplación o el trabajo creativo que realizamos con el mandala nos aporta energías insospechadas.

A través de su composición individual de forma y color, un mandala expresa determinados estados anímicos y sentimientos y, por ello, puede ayudar a resolver los procesos interiores por los que se está atravesando. Todos estos procesos, que en gran parte transcurren de manera inconsciente, son muy importantes para el desarrollo mental y espiritual del individuo. Por lo tanto, para trabajar los diferentes mandalas, es imprescindible tomar consciencia de ellos, de los sentimientos que nos provocan.

LOS MANDALAS Y LA PSICOTERAPIA

En 1920, mientras la ciencia descubrió la curación de la mente, la psicoterapia descubrió la fuerza curativa de los mandalas.

Debido a la ruptura con su amigo Sigmund Freud, Carl Gustav Jung (1875-1961) empezó a dibujar formas circulares. Aunque aún no sabía que sus pinturas espirituales eran mandalas, con el tiempo se dio cuenta de que la pintura le permitía el acceso a su alma, calmaba su inquietud interior y curaba su crisis emocional.

Durante este proceso creativo y purificador, Jung experimentó en sí mismo un gran cambio en su estado espiritual y, finalmente, constató que el mandala era un reflejo de su estado anímico. Tardó diez años en superar la crisis. Los numerosos dibujos realizados durante ese período con sus formas, colores y puntos centrales nos demuestran el paso de una personalidad desgarrada hacia su curación.

A través de este proceso y después de leer sobre la meditación taoísta, Jung formuló su teoría, afirmando que el arquetipo del mandala se encuentra firmemente anclado en el subconsciente colectivo. Por medio de las imágenes, es posible evocar otros arquetipos que determinan el pensamiento y los sentimientos humanos, y que pueden ser activados y equilibrados. Tal y como él reflejó en su libro *Recuerdos, Sueños, Pensamientos*: «Vi que todos los caminos que había seguido, todos los pasos que había dado, conducían a un solo punto —en realidad, el punto central. Me resultó cada vez más evidente que el mandala es el centro. Es el exponente de todos los caminos. Es el camino hacia el centro, hacia la individualización. (…) Supe que encontrando el mandala como una expresión del yo había alcanzado lo que para mí era la base.»

Según Jung, los mandalas representan la totalidad de la mente: abarcando tanto el consciente como el inconsciente. Su observación permite reunir las fuerzas espirituales propias y acumularlas en el yo inconsciente. Por ello, los mandalas equilibran las contradicciones y actúan como mediadores entre ellas.

Los mandalas constituyen un reflejo del alma humana, de nuestros estados anímicos temporales.

Con ellos empieza el proceso de conocimiento del propio yo. Pero su efecto terapéutico no depende de la disposición de sus elementos, sino de la creatividad del individuo al elegirlos y pintarlos.

De esta forma, el individuo participa con todas sus fuerzas en el proceso autocurativo y, más tarde, encuentra un apoyo en el desarrollo de la autoestima y en la concienciación.

Jung trató con éxito a enfermos de neurosis y esquizofrenia con los mandalas que componían sus propios pacientes. Los dibujos constituían un intento de recuperar la salud desde el interior, señalando «el aspecto más vital de la vida: su plenitud definitiva».

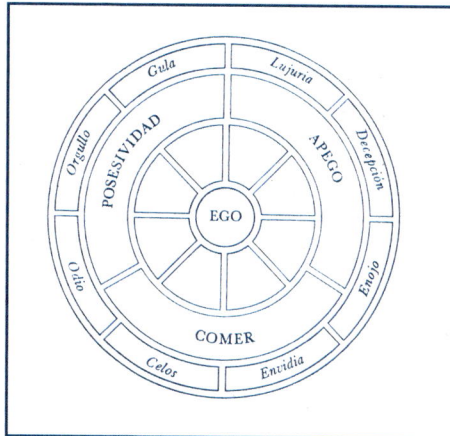

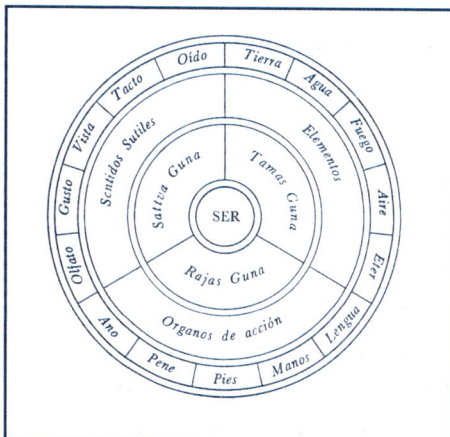

Para Jung, el mandala es una forma arquetípica, de ahí que aparezca en diferentes culturas lejanas entre sí. Al mismo tiempo, consideró que la comprensión del arquetipo resulta curativa, siendo especialmente importantes los mandalas que surgen directamente de la imaginación, sin que haya un pensamiento o propósito preconcebido.

Estos mandalas se utilizan para restablecer el orden perdido con anterioridad y, especialmente, con un propósito creador: dar a la luz algo nuevo que no existía antes.

LOS MANDALAS PARA NIÑOS

Lo que el propio Jung experimentó cuando intuitivamente empezó a pintar formas circulares para superar sus crisis, también puede observarse en los niños. De este modo, los garabatos que realiza el niño al final de la clase cuando ya no puede concentrarse, tienen muchas veces la estructura de un mandala. Pero también en los mandalas que los niños pintan conscientemente aparecen, con frecuencia, figuras que podemos encontrar en

los antiguos mandalas de todo el mundo.

Tanto los niños pequeños como los mayores se muestran, por lo general, mucho más dispuestos a participar en un juego que requiera pintar. Muchos terapeutas infantiles y pedagogos afirman que un trabajo regular con las imágenes circulares estimula extraordinariamente el desarrollo de la personalidad del niño. Los efectos de la pintura de mandalas sobre el estado anímico, tanto en el niño sano como en el que sufre una crisis o un trastorno, se pueden resumir de la siguiente forma:

- El nervioso se tranquiliza
- El miedoso se libera
- La tensión se reduce
- La disposición a dejarse influir por circunstancias externas disminuye

EFECTOS TERAPÉUTICOS DE LOS MANDALAS PARA NIÑOS

CONCENTRACIÓN Y EQUILIBRIO. Los mandalas aumentan la concentración de los niños. Por ejemplo, el niño que tiene dificultades para concentrarse en sus deberes escolares o en otra tarea que requiere mucha atención, antes debería pintar un mandala. Después, tendrá una mayor capacidad de asimilación y aprenderá con más facilidad, sin por ello tener que gastar energías en mantener la autodisciplina.

Los niños muy nerviosos se tranquilizan pintando mandalas. Por el contrario, otros niños que son más bien pasivos y apáticos reciben, mediante el trabajo creativo, una carga de energía que los estimula y los hace más alegres.

ENFRENTARSE A LAS CRISIS DEL DESARROLLO. Los niños que se encuentran en la fase de crisis del desarrollo (sobre todo los adolescentes) y que presentan cambios de humor o comportamientos extraños, vuelven a encontrar el equilibrio al dibujar o colorear las imágenes circulares. En la mayoría de los casos, la pintura puede tener un efecto preventivo, ya que por medio de ella los niños aumentan la conciencia de sí mismos y pueden superar las crisis con una mayor facilidad.

Estas crisis del desarrollo se dan sobre todo en las siguientes etapas de la vida de un niño: durante la llamada «fase de ter-

quedad», a los tres años (implicando la concienciación del propio yo y el desarrollo de la fantasía); a los seis años, etapa de transición del hogar familiar al jardín de infancia o al colegio; y al comenzar la pubertad, período en el que el niño se encierra en sí mismo, es más irritable, inseguro, tiene problemas con su entorno y se siente solo.

ELIMINAR TRASTORNOS DE MOTRICIDAD Y TENSIONES NERVIOSAS. Los niños que tienen trastornos de motricidad pueden mejorar su estado por medio de la pintura de mandalas. Después de unos pocos intentos, se puede observar que mantienen con más firmeza las líneas que delimitan los campos. Además, pintar mandalas relaja las tensiones y las convulsiones de los niños que las padecen y les ayuda a encontrar su equilibrio interior.

Aunque los niños suelen padecer menos tensiones físicas que los adultos, también sufren tensiones psicológicas que pueden llegar a crear inseguridad, miedo y molestias físicas. Esta tensión se expresa mediante un comportamiento hiperactivo, nerviosismo, irritabilidad y agresividad, pero también con falta de motricidad y letargo.

SUPERACIÓN DEL MIEDO. La pintura de mandalas constituye una excelente terapia para todos aquellos niños que tienen miedo. Mientras pintan, los miedos que están profundamente dormidos en el subconsciente desaparecen, ya que se obtiene un estado de total relajación.

También las experiencias traumáticas, como la pérdida de uno de los padres o el divorcio, se pueden revivir y superarse en este estado de máxima sensibilidad y atención.

Cuando se trabaja muy a menudo con mandalas, las pautas de reacción a los miedos (anclados firmemente en su interior debido a experiencias traumáticas) van desapareciendo y, poco a poco, se transforman.

ADQUIRIR NUEVAS FORMAS DE COMPORTAMIENTO. La meditación con mandalas es también una forma de autotratamiento muy efectiva para jóvenes y adultos que sufren fobias tales como miedo a los espacios cerrados, a

los lugares abiertos, a las arañas, etc.

Las pautas mentales rígidas y el comportamiento forzado por estas fobias, se sustituyen con el tiempo por una conducta de autoconfianza. Si, además, se consigue modificar el comportamiento y adquirir una mayor tolerancia, el individuo es capaz de incorporar nuevas estrategias a su vida y, así, mejorar su personalidad.

AUTOCONFIANZA POR MEDIO DE LA TRANQUILIDAD. Los niños que no poseen la confianza y el sosiego interior imprescindibles para tener confianza en ellos mismos, consiguen encontrar por medio de la pintura las raíces de su personalidad. Mediante la pintura, pueden adquirir una mayor tranquilidad, además de estimular su creatividad e incrementar su seguridad.

Cuanta más confianza en sí mismo tenga un niño, menos le costará enfrentarse a los fracasos que tenga que asumir en el transcurso de su vida.

El niño crea defensas contra los sentimientos de no ser amado o de ser un perdedor. La autoconfianza es una condición importante para un adecuado desarrollo mental y es imprescindible para tomar las propias decisiones como adulto.

DESCODIFICAR EL SUBCONSCIENTE CON MANDALAS. Las pinturas de mandalas que realizan los niños pequeños reflejan aún una relación muy estrecha entre el Yo inconsciente y el Yo consciente. En sus obras emerge una gran riqueza de formas: cruces, soles, caras, flores. Esto nos indica el gran valor que tiene el mandala como intermediario entre el Yo consciente y el Yo inconsciente.

Los mandalas convierten las fuerzas del arquetipo del subconsciente en formas que se pueden captar conscientemente, tocar y entender con nuestro Yo consciente.

Gracias a los mandalas somos capaces de descodificar el lenguaje del subconsciente y encontrar nuestro Yo inconsciente.

LOS ELEMENTOS DE LOS MANDALAS Y SU SIMBOLOGÍA

Los mandalas reflejan de una manera misteriosa el orden de la naturaleza o, desde un punto de vista religioso, la creación.

Un copo de nieve observado con una lupa contiene un círculo concéntrico que es el carácter simbólico y eterno de un mandala. Incluso las células humanas, las unidades más pequeñas de las que se compone el cuerpo humano, tienen la forma de un círculo; igual que el ojo humano.

Cada una de estas formas que nos da la naturaleza rodea un centro de forma ordenada. Desde éste se reparten o dispersan otras formas y líneas hasta el borde del círculo.

Todos los elementos que conforman el mandala tienen una significación específica que, en conjunto, aportan el significado global de cada mandala. Comenzando desde la parte externa y alcanzando la parte interna o central, los elementos geométricos, los colores y su número aportan un simbolismo propio y específico para cada mandala. Por ello, no existen dos mandalas iguales.

Es por tanto muy importante entender el simbolismo de cada mandala para, de este modo, sacarle el máximo provecho posible.

Aunque en un principio nos podamos dejar llevar por la estructura del mandala, que de una forma inconsciente nos hace elegirlo y pintarlo, a medida que meditemos sobre éste y una vez esté finalizado, analizaremos el simbolismo de todos sus elementos. Solamente así podremos comprender nuestro estado de ánimo, nuestras preocupaciones y el modo en que el mandala nos puede ayudar a superarlos.

LOS COLORES

Los colores que se eligen para pintar un mandala revelan mucha información sobre la personalidad del pintor. Sobre todo los colores básicos, pero también algunas mezclas de colores, tienen un significado psicológico muy específico. En general, los colores aclaran el estado anímico del pintor y plasman todo aquello que le puede inquietar tanto en el momento de pintar como desde hace tiempo.

Cuando se colorean modelos propuestos, se tiende de manera intuitiva a elegir los colores favoritos. Esta elección de colores varía según el estado de ánimo del individuo, pero también según las fases del ciclo vital. De esta forma, una persona que en su niñez prefirió el color rojo, puede elegir tonos azules una vez ya es adulto.

Los niños suelen ser más espontáneos que los adultos al elegir los colores. No debemos olvidar que durante la infancia se expresan los sentimientos con una mayor facilidad. Esto se debe a que los adultos están dominados por la razón y otorgan a los criterios estéticos un papel importante.

Muchos adultos que pintan por primera vez un mandala reprimen precisamente esta expresión abierta de sus sentimientos. En cambio, reflexionan sobre cómo pueden disponer y resaltar mejor los colores para que la obra resulte armónica y bella una vez finalizada.

Por todo ello, cuando nos encontremos ante el mandala, debemos dejar volar la imaginación, los sentimientos, y elegir los colores que nos surjan en la mente, independientemente del factor estético. Existe algún motivo para que mezclemos ciertos colores que quizás a simple vista no combinen: es la clara expresión de las tendencias contradictorias de todo ser humano.

CÓMO ANALIZAR LOS COLORES DE NUESTROS MANDALAS

Ante todo, el primer paso es pintar el mandala, sin pensar en el significado de los colores que elegimos o en la estética del resultado final. Debemos dejarnos llevar por la estructura del mandala, de forma que la llenemos con nuestros sentimientos, con nuestro estado actual. Es importante ser sincero ya que, de esta forma, el resultado procederá de nuestro interior, del inconsciente.

Una vez terminado, se procederá a leer el simbolismo de los colores (en las páginas siguientes) e incluso, si se desea, contrastándolo con el significado de los colores de la Rueda Medicinal india (en la página 76). De esta forma, se obtendrá una imagen completa de nuestro estado anímico actual.

Cuando ya se tenga experiencia en pintar mandalas y se conozca los procesos anímicos a los que se encuentran unidos los colores, se puede llevar a cabo otro proceso: conociendo nuestro estado anímico, se podrá elegir los colores determinados para estimular o contrarrestar dicho sentimiento. Es decir, a través de la pintura podremos fomentar el estado anímico que deseemos.

EL SIMBOLISMO DE LOS COLORES

El simbolismo del color se encuentra presente en todas las culturas desde la Antigüedad, siendo empleado en todos los campos, desde la liturgia, el arte y la literatura, hasta la heráldica o incluso la alquimia.

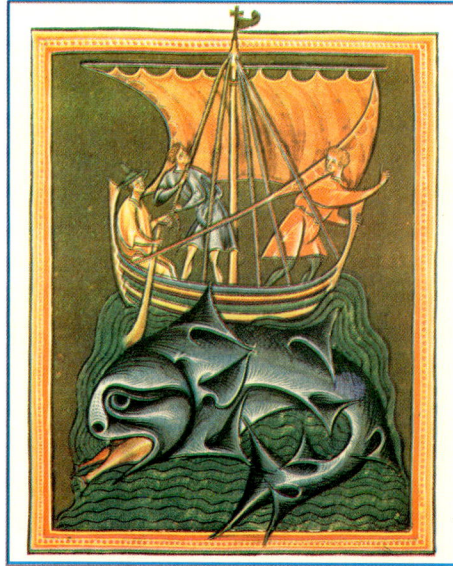

En los manuscritos medievales las imágenes tenían un fuerte simbolismo. Tanto por sus elementos como por los colores que se empleaban.

La raíz de este simbolismo puede encontrarse ya sea en la expresión propia de cada matiz, como, según el punto de vista con que se analicen, en relación con el símbolo planetario o, por último, en relación con el elemento de la naturaleza, el reino, el cuerpo o la sustancia, que acostumbra a representar al color.

Por otra parte y según la psicología, el sentido simbólico se forma en la mente humana por impregnación de una relación que puede ser fortuita, mientras que para el esoterismo es el resultado de una misma y simultánea acción de la realidad.

EL SIMBOLISMO DE LOS COLORES

AMARILLO

El amarillo es, por excelencia, el color del sol, de la intuición y de la iluminación. Es el atributo del dios Apolo, de la generosidad y del intelecto. Tradicionalmente, corresponde al elemento aire. En el simbolismo chino, los colores son emblemáticos del rango y autoridad, siendo el amarillo el color sagrado reservado a la casa real.

- **Positivo:** Alegría, jovialidad, confianza, intuición, constancia, crecimiento, sabiduría, liberación, espíritu emprendedor y fantasía.
- **Negativo:** Superficialidad, envidia, presunción y miedo a las dificultades económicas.

AZUL

Tradicionalmente, es el color del cielo, del espacio y del mar, significando altura, profundidad y el pensamiento. Se relaciona también con el quinto chakra, con el elemento aire de la astrología hindú y con los signos zodiacales de piscis y sagitario. En China, el este era representado como un dragón azul. Para los egipcios, éste era el color de la verdad.

- **Positivo:** Paz, tranquilidad, relajación, serenidad, seguridad, bondad y lealtad.
- **Negativo:** Aburrimiento, paralización, vacío e ingenuidad.

BLANCO

Color que surge de la combinación o visión simultánea de todos los colores del espectro solar. Es el símbolo por excelencia de la pureza y la alegría. En la cosmología hindú, el color blanco representa el ascenso hacia la luz originaria. En China, se señalaba el oeste con un tigre blanco, mientras que, por el contrario, entre los aztecas era el color que representaba la aurora, es decir, el este.

- **Positivo:** Pureza, perfección, virtud, inocencia, sinceridad, amor a la verdad, liberación, objetividad e instinto para los negocios.
- **Negativo:** Perfeccionismo, tendencia a la abstracción y frialdad.

MARRÓN

Color por excelencia del elemento tierra, de la arcilla, del suelo terrestre, pero también de las hojas muertas, la degradación, el otoño y la tristeza. Para los romanos y también para el cristianismo, es símbolo de humildad y pobreza, aunque en Irlanda es equivalente al negro.

- **Positivo:** Calidez, tranquilidad, proximidad a los hechos sencillos, humildad, materno.
- **Negativo:** Tristeza, pobreza, materialidad, dureza y frialdad.

NARANJA

Color de las llamas y el fuego. Simboliza el orgullo y la ambición. Según algunos autores, el naranja representa la ferocidad, la crueldad y el egoísmo, dentro de un carácter más bien nefasto y trágico.

- **Positivo:** Optimismo, juventud, salud, alegría, sociabilidad, ambición, actividad, ternura, cordialidad, valor, vigor, franqueza y confianza en uno mismo.
- **Negativo:** Afán de prestigio y frivolidad.

EL SIMBOLISMO DE LOS COLORES

■ ■ NEGRO Y GRIS

El negro es, en realidad, la carencia de color, el caos primigenio.

Tradicionalmente, se considera que el negro representa la tierra, el luto o la tristeza. Se relaciona con los signos zodiacales de Acuario y Capricornio, con Saturno y Plutón y con el hierro. En la astrología china corresponde al invierno, el agua, la sabiduría y el norte (representándose como una tortuga negra). También entre las tribus indias de Norteamérica era considerado el color del norte y, en la mitología germana, indicaba la región de las tinieblas y del frío.

- **Positivo:** Renovación, invencibilidad y dignidad.
- **Negativo:** Obligación, desesperación, desamparo, muerte, destrucción, paralización, tristeza, pérdida, miedo, amenaza y oscuridad.

■ ROJO

Color por excelencia del amor y la pasión, de la sangre, el fuego y los sentidos, que corresponde a las cualidades de valentía y osadía. Es atributo del dios Marte, de la diosa madre de la India, del planeta Júpiter (rojo oscuro) o del planeta Marte (rojo claro), y, en general, del principio vivificador. En China, un pájaro rojo señalaba el sur.

- **Positivo:** Amor, sensualidad, pasión, confianza en sí mismo, fuerza, resistencia, conquista, independencia y alegría de vivir.
- **Negativo:** Impulsividad, agresividad, ira y odio.

■ ROSA

Color de la carne y de la sensualidad o los sentimientos afectivos, asociado con el romanticismo y el amor.

- **Positivo:** Romanticismo, elegancia, cariño, dominio de la agresividad, abnegación, altruismo, suavidad, discreción y feminidad.
- **Negativo:** Necesidad de protección, inhibición y sentimentalismo.

■ VERDE

Este color se sitúa entre el negro y el rojo, entre la vida y la muerte. Por ello, para los egipcios era el atributo de Osiris, dios de la vida y de los muertos. Tradicionalmente, representa el agua, junto al azul y el violeta. Según la interpretación cromática, este color se atribuye a Venus, a la naturaleza y a la fertilidad.

- **Positivo:** Esperanza, naturaleza, equilibrio, crecimiento, juventud, constancia, vida, fuerza de voluntad, curación, belleza, simpatía, integridad, bienestar, perseverancia, tenacidad, prestigio, purificación y regeneración.
- **Negativo:** Falta de sinceridad, ambición y poder.

■ VIOLETA

Como suma del color azul o devoción, con el rojo o pasión, el color violeta simboliza la nostalgia y el recuerdo. Posee las cualidades de prudencia, modestia, amor a la verdad y arrepentimiento.

- **Positivo:** Magia, espiritualidad, inspiración, sentimentalismo, individualismo y superación de las contradicciones.
- **Negativo:** Melancolía, pena, abandono y renuncia.

LOS COLORES DE LA RUEDA MEDICINAL INDIA

Las tribus de indios norteamericanos conocían también el significado mental y espiritual de los colores, empleándolos conscientemente en la configuración de sus ruedas medicinales.

La Rueda Medicinal representa a la Rueda de la Vida, siempre en evolución constante. Es decir, la vida, la muerte y el volver a renacer, siempre respetando todos y cada uno de los diferentes pasos del camino.

- **Amarillo verdoso:** Crecimiento, confianza, curación y amor.
- **Amarillo:** Amabilidad, percepción, inteligencia y naturaleza.
- **Azul oscuro:** Sabiduría, espiritualidad, curación espiritual y pureza.
- **Azul:** Satisfacción, felicidad, armonía y relajación.
- **Blanco:** Entendimiento, perfeccionamiento, compasión y tranquilidad.
- **Marrón:** Apego a la tierra y estabilidad.
- **Naranja:** Autocontrol, vitalidad y ambición.
- **Negro:** Intuición, rectificación y renacimiento.
- **Plateado:** Facultades sobrenaturales, emociones y bienestar.
- **Púrpura:** Filantropía, idealismo y sabiduría.
- **Rojo brillante:** Valentía, acción, transformación y poder.
- **Rojo dorado:** Sabiduría y vitalidad.

Estas ruedas medicinales se emplearon sobre todo para reunir las energías de todos los animales o seres vivientes, desde la Madre Tierra o el Padre Cielo, al Abuelo Sol y la Abuela Luna, los Árboles, los Animales o los Humanos, entre otros.

A continuación mostramos el significado que para ellos tenían los colores:

- **Rosa:** Sensibilidad, curación y conexión con nuestro «niño interior».
- **Transparente:** Curación espiritual, suavidad, amor y fidelidad.
- **Turquesa:** Equilibrio, creatividad y autocuración.
- **Verde amarronado:** Durabilidad, valor, crecimiento y vigor.
- **Verde azulado:** Purificación, felicidad y suerte.
- **Verde claro:** Restablecimiento, curación profunda y pureza.

Por ello, muchos autores sostienen que los siete colores básicos (o los seis colores del espectro solar: rojo, naranja, amarillo, verde, azul y violeta) son análogos a las facultades del alma, a las virtudes y vicios, a las formas geométricas, a los días de la semana y a los planetas. De igual forma, en China se establecían relaciones entre los colores y los puntos cardinales, los planetas y los órganos del cuerpo, mientras que en la India cada uno de los dioses de los puntos cardinales (*loka-palas*) y los budas tienen un color particular.

Sin embargo, la percepción del color es subjetiva, dependiendo más del proceso interno de visualización, que de las circunstancias externas.

Cada persona asocia los colores a toda una serie de correspondencias subjetivas, ya sea por la reacción que le producen, por recuerdos, etc.

En general, se puede afirmar que los colores en los que predomina el pigmento rojo, es decir, los llamados colores cálidos, activan y estimulan los sentimientos, mientras que los colores llamados fríos —todos los que tienen tonalidades azules o un exceso de pigmentación azul— tranquilizan la mente y la parte racional. Por otra parte, tanto el negro como el blanco se consideran colores de contraste o no colores. De esta forma, si se mezclan con otros colores se obtienen tonos pastel (con blanco) o con matices oscuros (con negro).

LAS FORMAS

Tal y como hemos visto al principio de este libro, el término mandala significa en sánscrito, círculo. Sin embargo, su significado original, de carácter religioso, era representado mediante un diagrama místico: bien como un círculo (símbolo del cosmos y de la eternidad) que giraba alrededor de un centro, o bien como un cuadrado (símbolo de la tierra y del mundo construido por el ser humano) en el cual todas las líneas se dirigían hacia el centro.

La forma del mandala representa también lo inexplicable, ya que expresa lo que está más allá de nuestra capacidad de percepción. Así pues, los mandalas no sólo contienen nuestro inconsciente, sino que permiten la posibilidad de una comprensión más profunda de las cosas.

Por ello, elegir de forma espontánea el mandala que queremos pintar, refleja nuestro estado de ánimo, nuestra vida interior.

Al igual que con los colores, sólo se interpretará el simbolismo de sus elementos una vez finalizado el dibujo. De este modo, la elección del mandala, con su estructura concreta, así como la disposición de los colores constituirá un mapa de nuestro estado anímico actual.

EL SIMBOLISMO DE LAS FORMAS DEL MANDALA

A continuación mostramos el significado tradicional de las formas básicas que constituyen los mandalas:

CÍRCULO. El círculo o disco simboliza el movimiento, lo absoluto, Dios, pero también el Yo.

El círculo es la figura geométrica más simple, en la que todos sus puntos se encuentran a la misma distancia del centro, siendo considerada símbolo del equilibrio y el orden. Sin embargo, es una figura

matemáticamente indefinida: Pitágoras intentó establecer una expresión matemática para definir el círculo, diseñando el número Pi. Pero Pi es un número constituido por una serie infinita de números decimales, de forma que no se puede llegar a definir todos los números de esta serie. Por todo ello, el círculo es una figura mágico-científica, ya que aunque es imposible definirlo matemáticamente, es muy fácil generarlo geométricamente.

Esta figura es, con frecuencia, un emblema solar. En los documentos de la antigüedad, se representaba al Sol mediante un círculo, un círculo rodeado de rayos o mediante la esvástica. Por otra parte, también se encuentra en numerosos objetos prehistóricos como un círculo (emblema del mundo) en cuyo centro hay un punto (símbolo del principio).

De forma similar, un punto rodeado por círculos concéntricos simbolizaría los diferentes grados de la existencia. Así, entre los celtas encontramos los tres círculos de la existencia y, en la tradición hindú, los tres mundos.

Por último, en China, la actividad o principio masculino (yang) se repre-

LOS ELEMENTOS BÁSICOS QUE COMPONEN LOS MANDALAS

- El mandala empieza y finaliza en el centro o **punto**: de éste último parten todas las formas que podemos ver en el mandala, ya sea como rayos o en forma de círculos alrededor de dicho centro. Todas las formas geométricas están conectadas entre ellas.

- El punto central está rodeado por un **círculo**: el círculo hace referencia a las cosas que no se pueden unificar, mientras que el punto en el centro representa el núcleo divino o el propio Yo.

- La **línea horizontal** separa la parte superior de la inferior, simbolizando la energía de origen materno.
  Por el contrario, **la línea vertical** conecta el mundo terrenal con lo sagrado y simboliza la energía que lo traspasa todo.

- Como consecuencia de la unión de ambas líneas, **la cruz** conecta la sustancia de origen materno con la energía, formando un punto central.La **cruz en movimiento** o esvástica representa el movimiento del cosmos y la energía.

- Por último, la **espiral** simboliza el desarrollo y la dinámica del proceso interior.

senta por un círculo blanco (cielo), mientras que la pasividad o principio femenino (yin) se señala mediante un cuadrado negro (tierra).

CORAZÓN. Tradicionalmente, el corazón simboliza el amor y la felicidad, el valor y los sentimientos, el reconocimiento y la voluntad. Se considera, además, el centro de la inteligencia, la iluminación y la felicidad. Así lo entendieron los hindúes, para quienes el corazón es *Brahmapura*, la morada de Brahma.

El corazón constituye el aspecto central de los tres centros vitales y espirituales del cuerpo humano, que son: el cerebro, el corazón y el sexo. De esta forma, para los egipcios, el corazón era necesario para obtener la eternidad, por lo que era la única víscera que dejaban en la momia.

Como centro del cuerpo, el corazón se encuentra muy ligado al concepto de centro, así como a los símbolos de la copa, el cáliz, el vaso, la cueva, la rosa o el loto, entre otros.

CRUZ. La cruz es un símbolo universal que aparece en casi todas las culturas, cuyo origen geométrico resulta de la unión de la línea vertical y la horizontal, o en dos diámetros de una circunferencia cortándose perpendicularmente. Sin embargo, no es posible determinar dónde apareció este signo por primera vez.

La cruz constituye el símbolo predilecto de muchas civilizaciones y religiones, tales como las culturas precolombinas, los egipcios o el cristianismo. Por otra parte, también fue empleada como talismán sagrado por los monarcas babilonios.

Situada en el centro místico del cosmos, la cruz es un símbolo del «eje del mundo», es el puente o la escalera por la que las almas suben hacia Dios. Por ello, la cruz tiene la función de enlazar el mundo terrestre con el mundo celestial, aunque también, a causa de la línea horizontal que atraviesa y corta la línea vertical, es una conjunción de contrarios: lo positivo (vertical) y lo negativo (horizontal), lo superior y lo inferior.

Así pues, en general la cruz simboliza la unión del cielo y la tierra, del consciente y el subconsciente, de la vida y la muerte, así como el reconocimiento de los aspectos oscuros de uno mismo y la superación de la propia estructura instintiva. Este cruce de caminos entre lo vertical y lo horizontal define los cuatro puntos cardinales.

CUADRADO. Según Jung, el círculo simboliza los procesos de la naturaleza o del cosmos como un todo, mientras el cuadrado implica el universo concebido y percibido por el ser humano. Es decir, círculo representa el consciente y el subconsciente, mientras que el cuadrado se encuentra ligado a los aspectos racionales del consciente.

Por ello, esta figura simboliza la estabilidad, el equilibrio, la capacidad de razonar, la perfección humana y la transformación del espíritu en materia. Es la tierra, el universo creado, el espacio, encontrándose en muchos espacios sagrados.

ESPIRAL. La espiral, desde la Antigüedad, ha simbolizado tanto el movimiento como la evolución del universo. Así ya en los jeroglíficos egipcios designaba las formas cósmicas en movimiento, la relación entre la unidad y la multiplicidad. La espiral es la energía cósmica en movimiento y puede interpretarse como símbolo del ciclo de nacimiento / muerte, llegada / partida, ascensión / decadencia; es decir, el camino vital del ser humano.

Se relacionan particularmente con la espiral: la órbita de la luna, los laberintos, los lazos y las serpientes.

La espiral es uno de los motivos más importantes de la cultura megalítica, apareciendo en dólmenes, menhires y templos, sobre todo en los monumentos celtas de Francia, Inglaterra e Irlanda. Se considera que en estos casos, fue una figura destinada a provocar el éxtasis y facilitar la entrada al «Otro Mundo».

Por su sentido de creación, movimiento y desarrollo progresivo, la espiral fue también considerada como atributo de poder, encontrándose en el cetro del faraón egipcio, en el lituus de los augures romanos y en el báculo actual. Por otra parte, la espiral está asociada a la danza, siendo muchos los bailes primitivos y las danzas de carácter mágico que evolucionaban siguiendo una línea espiral.

Sin embargo, debemos tener en cuenta su forma, ya que puede ser: creciente (como en la nebulosa) y, por tanto, activa y solar; decreciente (remolino); o petrificada (concha del caracol), siendo en estos dos últimos aspectos, negativa y lunar.

Ya las antiguas tradiciones diferenciaban, según el sentido de su movimiento, la espiral creadora de la destructora. Así, la primera es la espiral denominada dextrógira, que gira hacia la derecha, como las agujas de un reloj, símbolo del punto de arranque de la creación. Esta espiral también representa el recorrido del Sol y de la Luna creciente, la evolución, la cosmogonía. Por otra parte, la espiral destructora o torbellino es la sinistroversa, orientada hacia la izquierda, símbolo de la involución, así como de la liberación del espíritu de las ataduras de la materia y del viaje de las almas.

ESTRELLA. Símbolo universal de lo espiritual o elevado, de libertad y elevación. La estrella, con este simbolismo, ha estado presente en gran número de emblemas de poder, escudos y banderas, y en los jeroglíficos egipcios, simbolizó la elevación hacia el principio.

En los mandalas, esta figura implica autoconciencia, afán de superación, individualidad y sentido de la realidad.

ESVÁSTICA. Símbolo de la acción y el dinamismo, la luz y la fuerza, esta figura se encuentra presente en casi todas las culturas de la Antigüedad, desde la América precolombina, hasta Mesopotamia, Egipto, Grecia, China, Tíbet, el País Vasco y, sobretodo, entre los celtas, los germanos y los hindúes.

Desde la edad del hierro, la esvástica fue considerada símbolo del dios supremo, aunque, durante la Edad Media, se interpretó como símbolo del movimiento y de la fuerza solar. En la India, se identificó, por su forma, con la rueda solar con rayos y pies esquematizados en sus extremos.

La esvástica posee un movimiento de rotación en torno a un centro o eje y, por ello, simboliza la vida, el principio que irradia del centro y que se expande por el universo. Así, representa el movimiento de los cuatro puntos cardinales que hacen surgir el ciclo anual de las estaciones.

La esvástica se compone de dos símbolos: la cruz de brazos iguales (griega) y los cuatro ejes en una misma dirección rotatoria.

La *tetraskelion* o esvástica de cuatro ramas en ángulo recto, es también denominada cruz gamada o *gammadion* porque puede constituirse juntando cuatro letras gamma griegas.

Tal y como sucede con la espiral, la disposición de sus astas indica el sentido en el que se produce el movimiento, pudiendo distinguirse de este modo entre la esvástica dextroversa (denominada *Swastica*), que gira a la derecha, y la esvástica sinistroversa (o *Swavastica*), orientada a la izquierda.

FLOR. Por su esencia, las flores constituyen un símbolo de la fugacidad de las cosas, de la primavera y de la belleza, aunque también son una imagen de la vida y del universo, pues surgen de la tierra oscura y brotan hacia el cielo.

En la antigua cosmogonía egipcia, un loto emergió de las aguas primordiales y se irguió en el comienzo. La imagen del dios sobre una flor es común no sólo a Egipto, sino también al hinduismo (el ser supremo, Vishnu, hizo brotar de su ombligo el loto de los mil pétalos y, en dicha flor, creó al dios Brahma que todo lo ve), y otras culturas.

Ahora bien, por su forma, las flores son una imagen del centro y, por consiguiente, una imagen arquetípica del alma. Por ello, equivalen a otros símbolos, tales como el de la copa, la rueda (pues la apertura de los pétalos irradia en torno al centro) o el corazón.

Según su color, el sentido determinado de cada flor es modificado o matizado. Así, el carácter solar se refuerza en las flores anaranjadas y amarillas; el parentesco con la vida animal, la sangre y la pasión en las rojas; mientras que la flor azul simboliza el imposible.

LABERINTO. Este símbolo implica la búsqueda del propio centro, constituyendo en sí mismo, un mandala. Por ello, lo trataremos con detenimiento en el capítulo 6.

LOTO. Desde la Antigüedad, ha simbolizado el cosmos y el hombre: la raíz hundida en el barro simboliza la vida material; el tallo, el mundo astral; mientras que la flor flotando sobre el agua sería la vida espiritual.

Durante la Edad Media se convirtió en símbolo del centro místico y del corazón. Por otra parte, es común a muchas tradiciones la imagen del dios surgido del loto. Así, en Egipto encontramos que la flor de loto surgió del océano de las aguas primordiales con el niño Horus en su cáliz. En el hinduismo y en el budismo, el loto o *padma*, es un símbolo esencial: representa la naturaleza verdadera de los seres que han alcanzado la iluminación, así como el propio universo. Por ello, el sol era llamado «el loto soberano». En el hinduismo, además, representa cada uno de los siete chakras corporales.

El loto se encuentra muy ligado a los mandalas, dependiendo su significado del número de pétalos. Así, el de ocho pétalos es, en la India, el centro donde mora Brahma, equiparado con las ocho direcciones del cielo, mientras que el loto de «mil pétalos» simboliza la liberación última. Este loto de los mil pétalos surgió del ombligo de Vishnu y en sus flores Brahma fue creado. En su centro, suele representarse un triángulo, en cuyo interior se encuentra el gran vacío.

OJO. La figura del ojo, generalmente situada en el centro del dibujo o en el interior de otra figura, simboliza el ojo de Dios, el sol, el Yo y la clarividencia.

PUNTO. Símbolo del origen de todas las cosas, del principio, del centro esencial indivisible relacionado con la unidad primordial o el estado paradisíaco del ser humano.

El punto no tiene dimensión y, sin embargo, genera la totalidad de lo que existe, ya que al moverse o vibrar crea un elemento bidimensional que es la línea, la cual, a su vez, genera la superficie y ésta, por último, lo tridimensional, el volumen.

De este modo, se asocia a la divinidad, al ser puro, al origen del mundo y a la fuente de toda manifestación.

Para muchas culturas, el punto se sitúa en la intersección de los dos brazos de la cruz, simbolizando el eterno ciclo de la vida.

Así, entre los esoteristas musulmanes el centro de la cruz es llamado *el-magâmul-ilâhî* («centro divino»), pues es el lugar donde se equilibran y unifican todos los contrarios, mientras que algunas cruces litúrgicas europeas, en especial en Irlanda, el centro se señala mediante una piedra preciosa.

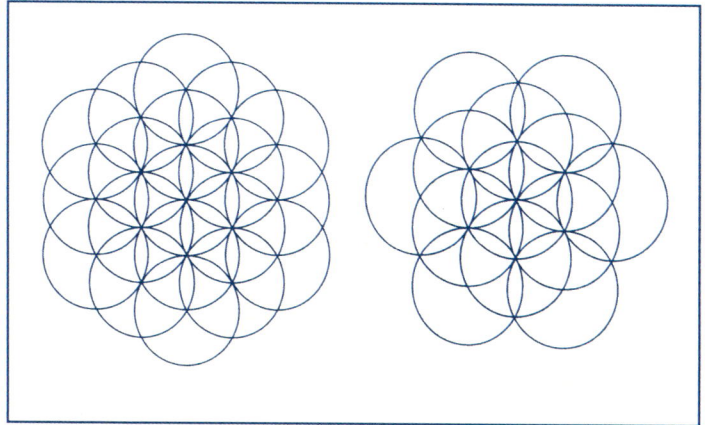

Diferentes representaciones de la flor de la vida.

RAYO. El rayo es considerado en muchas tradiciones como símbolo de la soberanía, generalmente divina, así como de la iluminación, la búsqueda de la sabiduría y las energías espirituales, y la curación. Es la acción de lo superior sobre lo inferior. De este modo, muchos dioses de la antigüedad tenían el rayo como atributo.

RUEDA. Este símbolo de caracter solar se encuentra ampliamente extendido desde la Antigüedad, especialmente como emblema de las fuerzas cósmicas en movimiento, del empuje, la energía y el dinamismo.

La rueda se encuentra relacionada con el símbolo chino del yin y el yang y, en la filosofía taoísta, con la sabiduría, afirmándose que «el sabio perfecto es el que ha alcanzado el punto central de la rueda».

La rueda de la vida es también un símbolo budista que se encuentra sobre todo en el Tíbet y que representa el ciclo de nacimientos, muertes y renacimientos del ser humano. Por otra parte, la rueda está relacionada con ciertas flores simbólicas, tales como la rosa o el loto, así como la espiral.

TRIÁNGULO. Esta figura se encuentra determinada por el número tres, dependiendo su simbolismo de la posición del vértice.

Así, el triángulo con la punta hacia abajo simboliza el agua y la feminidad, pero también expresa la involución. Con todo, se considera una forma equivalente al corazón, pudiendo sustituirlo simbólicamente, sobre todo si el triángulo se encuentra situado en el centro. Por el contrario, si la punta se orienta hacia arriba, simboliza el fuego, la masculinidad, la fuerza de la vida y el impulso ascendente de todo hacia la unidad superior, desde lo extenso (base) a lo inextenso (vértice), imagen del origen o punto irradiante.

Mientras que el primero es la manifestación de la energía en la materia, el segundo es la materia en el plano de la energía.

NÚMEROS EN EL MANDALA

A veces, los mandalas, en vez de contraponer figuras, contraponen números, de forma que el simbolismo se enriquece prodigiosamente por la relación de éstos con las direcciones cardinales, los elementos, los colores, etc.

Los números y las figuras han sido considerados desde la Antigüedad como la expresión de la imagen del mundo, ya que, mediante éstos, el ser humano ha intentado clasificar la compleja realidad. Así pues, constituyen el principio interno que ordena la evolución cósmica, pudiendo adoptar una forma visible en las figuras geométricas, así como un sonido o vibración interna. Conocer los valores y significados de los números implicaba entender el mundo y sus conexiones más íntimas.

Según muchas culturas, Dios mismo habría ordenado todo con unas medidas, números y pesos determinados. Así, muchas son las tradiciones en las que la esencia de los dioses se expresó mediante nombres y números, y, por ello, cada divinidad tenía un número propio.

De forma similar, en la tradición griega, los diez primeros números correspondían al espíritu, siendo considerados como arquetipos de la misma esencia de la humanidad

EL SIMBOLISMO DE LOS NÚMEROS

1 Es el símbolo por excelencia de la unidad, de la esencia primera y el origen de la vida, así como de la divinidad. Se contrapone al número par, que simboliza lo múltiple. El número uno es el centro del que surgen las emanaciones creadoras y en el que se unen todas las fuerzas en un todo.

En China, el uno es el fundamento primero del ser, del que surgen el yin y el yang, mientras que para los egipcios, era equivalente al dios soberano del cielo y de la tierra, es decir, Amón-Ra.

2 Este número representa la polaridad, los gemelos, el oponente, la pareja, la creación y la procreación, aunque también la separación, las diferencias, los conflictos y las dudas. Así pues, esta tensión puede darse tanto como contraste o como reciprocidad.

En oposición al número uno, lo creado y divino, el dos señala lo nacido y sujeto al ciclo de vida y muerte, al bien y al mal, al día y la noche. Es el número de la imperfección y dualidad, en el que una cosa suele oponerse a la otra, es decir, es el número de la discordia entre dos contrarios que deben permanecer unidos.

Sin embargo, no en todas las culturas es considerado de este modo. Para los egipcios, el dos era entendido más como complemento que como oposición: cielo y tierra, hombre y mujer, formaban un juego recíproco en el orden del universo, al igual que los dos mundos (superior e inferior).

3 Número sagrado para muchas culturas, que simboliza la perfección y el todo, la divinidad en el plano de lo manifiesto, es decir, la trinidad. Implica movimiento, vitalidad, estímulo y empuje. Su representación geométrica es el triángulo.

El tres es la expresión de la trinidad o tríada divina, presente en la mitología egipcia (Osiris, Isis y Horus), en la mitología hindú (la trimurti de Brahma, Vishnu y Shiva) o la Santísima Trinidad del cristianismo (Padre, Hijo y Espíritu Santo). Por otra parte, según Pitágoras, el mundo tiene una naturaleza triple, pues está compuesto de materia, alma y espíritu. Por último, en la astrología se identifica con el Sol, la Luna y la Tierra, mientras que en la creencia de muchos pueblos, el cosmos está formado por el cielo, la tierra y el mundo inferior.

4 Este número simboliza la materia (incluso, en muchas culturas ancestrales, el planeta Tierra), así como los cuatro elementos básicos que se reconocían en la antigüedad y los cuatro puntos cardinales. Simboliza la realización, la racionalidad, el desarrollo de la conciencia, la búsqueda del propio lugar en la vida y el autorreconocimiento.

El cuatro ha sido considerado desde la antigüedad como el número propio de la manifestación universal, indicando el punto de partida de la creación, la esencia de la naturaleza. Para Platón, es el número de la realización de la idea (mientras que el tres es el número de la idea), correspondiendo a la organización material. De forma similar, el cuatro está ligado en el hinduismo a la idea de la totalidad y, en los jeroglíficos egipcios, a la perfección o la realización.

La representación geométrica del cuatro es el cuadrado (en su aspecto estático) y la cruz (en su aspecto dinámico).

5 Número que, generalmente, es representado como una pirámide, un pentagrama o una estrella de cinco puntas. Simboliza al ser humano, la mente y el microcosmos, así como a los cuatro elementos sobre los que se erige un quinto, el espíritu.

El cinco implica unidad, conexión armónica del yin y el yang (femenino y masculino), salud, sexualidad, sensualidad, conexión con la realidad y búsqueda de la totalidad.

6 Simboliza el equilibrio entre las fuerzas, la unión del espíritu y la materia, lo femenino y masculino, así como la materialidad. Implica creatividad, perfección, satisfacción y realización.

Se representa geométricamente mediante dos triángulos entrelazados formando una estrella de seis puntas.

7 El número siete tiene una especial significación mística en muchas culturas, simbolizando, en general, la totalidad, el camino hacia el desarrollo personal, el final de una etapa en la vida y el trabajo interior.

En el esoterismo es el número de la armonía divina, de las esferas cósmicas y de los pilares del templo. Mediante este número, todo es llevado a su culminación en el universo.

Según diversas culturas de la Antigüedad, todo lo existente fue creado sólo en siete días y toda existencia se divide en siete partes o centros de la conciencia. Existen siete notas musicales, siete colores del arco iris, siete pecados capitales y siete espíritus ante el trono de Dios. Asimismo, siete son los días de la semana, siete días dura cada una de las fases lunares y siete son los planetas.

Así pues, el siete es el número el universo y de la perfección, aunque también ha sido considerado como un número demoníaco. Ya en la antigua Mesopotamia, el día séptimo del mes era tenido por nefasto, y siete eran los demonios que acarreaban las desgracias y la muerte a los seres humanos. En Europa, entre los siglos XVI y XVIII, la tradición popular denominó al diablo como el «Siete Maligno».

8 Es el número del orden y equilibrio cósmico, de la felicidad y armonía, del perfecto orden y simetría, del infinito, así como de la totalidad, el camino hacia la perfección espiritual, el renacimiento y el propio Yo.

Es considerado el número del cosmos, apareciendo de forma universal en los mausoleos con ocho nichos de los soberanos, en las torres de ocho pisos, las cúpulas de ocho secciones, etcétera.

9 Este número designa la triplicidad de lo triple, ya que es formado por tres tríadas. Por ello, simboliza el cielo, el enigma de la existencia humana, las energías espirituales positivas y la mente creativa.

10 Número que expresa en muchas tradiciones lo sagrado o divino, la perfección, la unidad y la totalidad, la virtud y la moral. En la numerología, el diez guarda relación con el uno y el comienzo.

Según la cábala, Dios creó el mundo con diez palabras, pues se dice diez veces «Y dijo Dios». Diez son los mandamientos de Yahveh a su pueblo sobre el Sinaí, diez los preceptos que Buda presentó y el número de los libros del *Rigveda*. Para los griegos y especialmente para Pitágoras, la suma de los tetraktys es el número diez o dekas, número sagrado que conforma una unidad compuesta por el uno (el fundamento del ser), el dos (polaridad), el tres (espíritu) y el cuatro (la materia, los cuatro elementos).

11 Este es el número de la antítesis, los conflictos indisolubles, el caos y la transición. En algunas tradiciones reviste un carácter infernal, por exponer desmesura (ya que es un exceso del número de la perfección, el diez).

12 Simboliza el orden cósmico, la totalidad, la felicidad, la perfección y el ciclo vital de la naturaleza. Este número se encuentra ligado a la idea de espacio y tiempo, a la rueda y al círculo como su representación geométrica (pues su valor, prácticamente, le corresponde).

El grupo de doce elementos es el más amplio: doce son los meses, los signos del zodíaco, los apóstoles, los hijos de Jacob y las tribus de Israel, el establecimiento de doce dioses mayores en muchas mitologías, los caballeros de la Tabla Redonda, etc., todo lo cual probaría la existencia de un orden fundado en el dodecanario.

13 Este número implica la muerte y el nacimiento, el cambio y la reanudación tras el final, así como el engaño y la infidelidad. Es, así pues, un número marcado por un característico valor adverso.

EL LABERINTO COMO MANDALA

El laberinto es uno de los símbolos más antiguos, encontrándose ya desde la prehistoria en todas las civilizaciones, ya sea en tallas rupestres, en mosaicos, construido en los jardines de los palacios, pero también en los mitos y leyendas.

Se han tallado laberintos sobre rocas españolas, inglesas y rusas; se dispusieron como mosaicos en el pavimento de las catedrales francesas y se emplearon para decorar los templos indios y las mezquitas paquistanís. También se recortaron en el césped de los jardines ingleses y alemanes, y se revistieron de piedra en Escandinavia, Rusia, Norteamérica y la India.

Aunque su forma puede variar, en esencia el laberinto clásico parte de la cruz y se extiende mediante círculos que acaban formando un camino entre-lazado. Este sendero no tiene bifurca-ciones ni falsos caminos sin salida: mediante su única obertura, podemos penetrar en su interior hasta alcanzar el centro, que será el punto de regreso para salir de nuevo al exterior a través del mismo camino.

La misión simbólica del laberinto es proteger el centro, es decir, el acceso iniciático a lo sagrado o inmortal, siendo equivalente a las pruebas iniciáticas. El laberinto señala el camino hacia las entrañas de la tierra o hacia el interior de uno mismo.

LOS LABERINTOS EN LA HISTORIA

El laberinto tiene sus orígenes en el área mediterránea. Se considera que el más antiguo es el hallado en el yacimiento griego de Pylos, grabado en unas tabli-

EL MITO DEL LABERINTO DEL MINOTAURO

Cuenta el mito que Pasífae, esposa del rey Minos, se enamoró de un toro y dió a luz al Minotauro, criatura mitad hombre y mitad toro. Al enterarse el rey, encargó a su arquitecto Dédalo que construyera un intrincado laberinto donde encerrar al monstruo.

Después de vencer a los atenienses, el rey Minos les ordenó entregarle cada nueve años siete jóvenes varones y otras tantas doncellas, que debían servir de alimento al Minotauro. Pero un día, el hijo del rey de Atenas, Teseo, héroe de múltiples hazañas, se ofreció para ser una de las víctimas y partió para Creta. Su hermosura, juventud y nobleza robaron el corazón de Ariadna, hija del rey Minos. Teseo le prometió llevarla consigo a Atenas y tomarla por esposa si triunfaba en su empresa y salía del laberinto.

Gracias a un ovillo de hilo que le había entregado Ariadna, Teseo mató al Minotauro y encontró el camino de salida del laberinto.

Junto a los rehenes liberados, Teseo regresó a Atenas y se convirtió en el rey.

llas de barro de aproximadamente 3.200 años de antigüedad. Sin embargo, en todo el Mediterráneo han aparecido diversos laberintos en tallas rupestres que podrían ser incluso más antiguos que éste.

Aunque se desconoce su origen o la cultura que descubrió este símbolo, según la mitología griega el laberinto era un palacio construido por Dédalo en Creta y que estaba habitado por el Minotauro. Por ello, se consideró que su origen podía ser cretense.

Las excavaciones de Cnossos no han revelado indicio alguno de la fabulosa obra de Dédalo, pero el laberinto figura en las monedas de Creta en la época clásica y allí encontramos, además, el origen del nombre, derivado de *labrys*, el hacha de doble filo ungida por el poder de la luz. Su significado sería «casa de la doble hacha» (ése era el nombre del palacio real de Cnossos); por otra parte, en muchos lugares próximos han aparecido hachas de doble filo sobre la testuz de un buey o toro.

Los textos antiguos citan cinco grandes laberintos: el de Egipto, situado según Plinio en el lago Moeris; los dos cretenses de Cnosos y Gortyna; el griego de la isla de Lemmos o Samos, y el laberinto etrusco de Clisium.

Por su parte, los romanos también relataron la historia de Teseo y desarrollaron un modelo propio, en el que se atravesaba todo un cuadrante antes de adentrarse en el siguiente.

El laberinto clásico se propagó por todo el mundo, extendiéndose desde el Mediterráneo hasta los pueblos navegantes del norte, recorriendo la costa atlántica de la Península Ibérica, hasta Inglaterra, Islandia, Escandinavia e incluso alcanzando las costas del Océno Glacial Ártico ruso.

Tal y como afirma Sánchez-Dragó, «Durante mucho tiempo, los hombres vivieron en laberintos: lo eran las ciudades medievales, la casbah de los árabes, las medinas y zocos, los cubos y planos inclinados del urbanismo babilónico, los bazares del Medio Oriente, el entorno de los ríos sagrados de la India, Angkor, las megalópolis de Catay y los barrios de luces rojas japonesas. Fez, Katmandú, Venecia, Benarés, Shinjuku, el Palloneto de Nápoles, la vieja Delhi, el puerto de Barcelona, Estambul y Compostela son ejemplos prototípicos».

También encontramos el laberinto en América, tanto en Nazca y Venezuela como entre los mayas. El *Satunsat* maya (palabra que significaba «perecedero»)

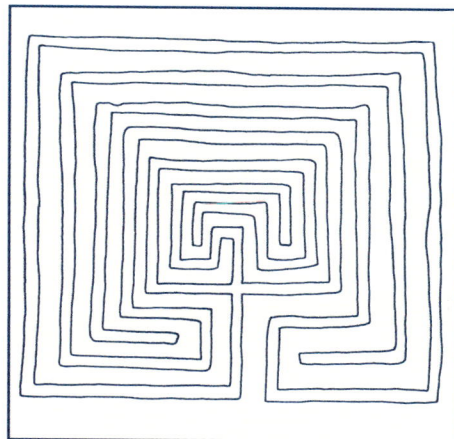

El laberinto clásico cretense, en su forma circular y rectangular.

de la zona central de la ciudad de Ox-kintok tenía como función acoger los ritos de entronización de los gobernantes. Por otra parte, para los nativos norteamericanos de las tribus hopi, navajo, pima y papago era uno de los símbolos herederos de sus ancestros. El significado que estas tribus daban a los laberintos es

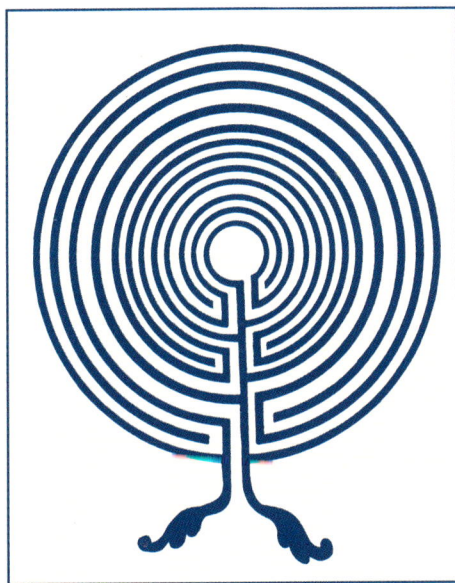

Laberinto de Otfrid, con once galerías.

similar al de la India, y su origen parece ser anterior a la llegada de Colón.

El cristianismo también incluyó al laberinto en su simbología, encontrándose en los manuscritos de la Edad Media y en los pavimentos de mosaico de las catedrales. Los más antiguos emplean el modelo clásico, aunque entre los siglos IX y X su forma evolucionó y surgieron los denominados laberintos de Otfrid, en honor a un monje de la escuela del monasterio benedictino de Weissenburg (Alsacia). Otfrid compiló en el 868 una selección de textos escrita en alemán antiguo, en la que se encuentra un laberinto con once galerías.

A partir de este modelo de once galerías y una cruz en su centro, surgió el laberinto cristiano medieval o gótico. Así, durante el periodo gótico, el laberinto experimentó un florecimiento y se utilizó en muchas catedrales francesas, entre las que se encuentran la catedral de Reims y la de Chartres.

Los laberintos que se situaban a la entrada de la mayoría de catedrales debían servir como punto de recogimiento personal del visitante, como una preparación en su camino al altar. Según Fulcanelli, en las catedrales, la imagen del laberinto se presenta como emblema del trabajo entero de la Obra alquímica, representando sus dos mayores dificultades: la del camino que hay que seguir para llegar al centro (donde se libra el rudo combate entre las dos naturalezas), y el otro camino que se debe emprender para salir de aquél. Aquí es donde se necesita el hilo de Ariadna, para no extraviarse en los meandros de la obra y verse incapaz de encontrar la salida.

Por otra parte, en Inglaterra se desarrolló la costumbre de recortar laberintos en el césped, quizás influidos por los franceses, mientras que en Escandinavia y Rusia se erigieron con piedras y en las proximidades de la costa, aunque su antigüedad es difícil de determinar.

Durante el Renacimiento, los laberintos de césped se diseñaron como intrincados setos con muchos callejones sin salida y un centro difícil de hallar.

A finales del siglo XX, el laberinto ha experimentado un nuevo renacimiento y, en la actualidad, se diseñan, construyen y emplean laberintos en todo el mundo.

No olvidemos, por otra parte, la estrecha relación con el laberinto de algunos juegos clásicos, como la rayuela, el parchís o la oca.

LA FORMA DE LOS LABERINTOS

Los laberintos pueden ser extraordinariamente simples o increíblemente complejos y sofisticados; inscritos en la totalidad del círculo o mantenidos en la rigurosa geometría del cuadro; expresados en volumen o dibujados en una superficie plana. Así pues, pueden desarrollarse en un sinfín de medios, tales como:

- en las paredes de una gruta, como los de Djébel Bés Seba, el Hogar o el Adrar, en el Sáhara;
- para adornar las puertas de cabañas o santuarios, como entre los Yoruba occidentales;
- en las piedras de culto, como en Abisinia;
- pintados sobre telas, como en casa de los Illorin del Sudán occidental;
- inscritos sobre la arena, como hacen los indios pielrojas en Norteamérica;
- para adornar vasijas de barro o vestidos ornamentales, como aún hoy se emplean entre los indios de América Latina.

LA SIMBOLOGÍA DE LOS LABERINTOS

Ya en los pueblos primitivos se suponía que el laberinto poseía una cualidad atrayente, como el abismo o el remolino de las aguas. Se cree que algunos se dibujaban para engañar a los demonios y hacer que entraran en ellos, quedando presos en su interior.

Sin embargo, ciertas representaciones de laberintos circulares o elípticos en grabados prehistóricos, como los de

Peña de Mogor (Pontevedra), han sido interpretados como diagramas del cielo, es decir, como imágenes del movimiento aparente de los astros. Más que contradictoria, esta noción sería complementaria, pues el laberinto de la tierra, como construcción o diseño, puede reproducir el laberinto celeste, aludiendo los dos a la misma idea: la pérdida del espíritu de la creación –la «caída»–, y la consiguiente necesidad de buscar el «centro» para retornar a él.

Unos laberintos en forma de cruz, conocidos en Italia como «nudo de Salomón», aparecen muchas veces en la decoración céltica, germánica y románica e integran el doble simbolismo de la cruz y el laberinto, por lo que se suelen entender como el emblema de la «divina inescrutabilidad».

Pero, ante todo y tal y como señala Mircea Eliade, la función esencial del laberinto es la de permitir a la vez el acceso al centro por un camino semejante a un viaje iniciático, y prohibirlo a quienes no están cualificados.

En este sentido, el laberinto se relaciona con el símbolo de la caverna, en cuyo interior se encuentra algo precioso o sagrado, y constituye un equivalente de otras pruebas, como la lucha con el dragón.

Por otra parte, cabe interpretar el conocimiento del laberinto como un aprendizaje del neófito respecto a la forma de penetrar en los territorios de la muerte, ya sea simbólica o no.

La frase de Delfos, «Conócete a ti mismo», es la puerta de entrada. El único laberinto digno de conquista es uno mismo. Es en uno mismo donde están los callejones sin salida, las trampas y los corredores oscuros. En uno mismo las encrucijadas o las perdiciones. En uno mismo el extraño y doloroso camino que conduce al centro.

EL CENTRO

Todos los laberintos suponen la presencia de múltiples significados y simbolismos. Y prácticamente todos llevan emparejada la idea de unas pruebas por las que se debe pasar. En especial el acceso al misterioso «centro». El itinerario que conduce al centro está sembrado de obstáculos y, no obstante, cada ciudad, cada templo, cada habitación «está» en el centro del Universo.

No sólo los templos se consideraban situados en el «Centro del Mundo», sino que todo lugar sagrado, todo lugar que manifestaba una inserción de lo sagrado en el espacio profano, se consideraba también un centro. Tales espacios también podían construirse, pero su construcción suponía en cierto modo una nueva cosmogonía, una creación del mundo. Lo cual no puede ser más natural, puesto que el mundo fue creado a partir de un embrión, de un centro.

Todo ser humano, incluso inconscientemente, tiende hacia el centro y hacia su propio interior. Con ello surgen, en apariencia, contradicciones: por una parte, encontramos un conjunto de mitos, símbolos y rituales que subrayan la dificultad que existe para penetrar en un centro; mientras que, por otra parte, otros mitos y ritos afirman que dicho centro es accesible.

Una vez superados los obstáculos, la persona puede acceder al interior de sí misma, a su subconsciente, y, como consecuencia de la iniciación (todo lo que se ha aprendido durante el camino), adquiere un nuevo yo. La transformación del yo que se opera en el centro del laberinto y que se afirma al final del viaje, marca la victoria espiritual sobre lo material, de lo eterno sobre lo perecedero

El disco de Festos es uno de los mayores misterios de la cultura minoica. En una tablilla de arcilla de 16 cm de diámetro se trazaron jeroglíficos, dispuestos en espiral y ordenados y separados en compartimentos.

CÓMO PINTAR
LOS MANDALAS

Si observamos un dibujo, una imagen o un mandala que nos inspire durante, por ejemplo, quince minutos al día, éste nos va a afectar de alguna forma. Podemos emplear este efecto de una forma consciente, eligiendo con detenimiento el mandala. De este modo, si debemos realizar un proyecto nuevo y no estamos muy seguros de que tenga éxito, si tenemos exámenes, etc., podemos pintar un mandala que nos ayude a sentir una mayor seguridad en nosotros mismos o incluso dibujar nuestro propio mandala.

Por ello y como cada persona es diferente, es importante observar los mandalas durante unos minutos y dejar que los sentimientos afluyan. Reconociendo lo que nos hacen sentir, podremos emplear este sentimiento de una forma consciente para incrementar, reducir o aliviar nuestra situación emocional. Serán muy útiles cuando suframos estrés: la respiración se irá calmando, la mente se tranquilizará y desapareceran las tensiones. Por ello, sentir la sensación de tener sueño mientras trabajamos el mandala será un signo de que hemos alcanzado una gran relajación.

Una vez finalizado, podremos emplearlo visualizando en nuestra mente el mandala siempre que lo necesitemos, ya sea en el trabajo, conduciendo, etc. Sólo evocar su imagen nos aportará serenidad.

Existen muchos y muy variados mandalas por explorar. Para quien se inicie, será mejor escoger los mandalas más sencillos, para después, poco a poco incrementar su complejidad. Las formas circulares resultarán especialmente recomendables para iniciarse.

LOS MANDALAS MÁS ADECUADOS

PARA UN PRIMER CONTACTO:

- Una cruz simétrica, un cuadrado o un triángulo situados dentro de un círculo.
- Tres círculos concéntricos.

PARA PRINCIPIANTES:

- Una figura geométrica de mayor complejidad situada dentro de un cuadrado o de un círculo.
- Un símbolo sencillo que tenga especial relevancia en nuestra vida.
- Una letra de algún alfabeto especial para nosotros, como por ejemplo las runas vikingas o el *ogham* celta.

MANDALAS AVANZADOS

- Un diseño complejo de figuras geométricas.
- Un símbolo complejo que tenga especial relevancia en nuestra vida, por ejemplo, la imagen de una diosa, una carta de Tarot, etc.
- Una palabra o frase que tenga especial relevancia en nuestra vida, quizás escrita en algún alfabeto especial para nosotros y envuelta, si se quiere, por un diseño geométrico complejo.
- Objetos de tres dimensiones, tales como un globo terráqueo, una taza o velas e incienso.

MANDALAS PARA EXPERIMENTAR

- Un dibujo en movimiento, quizás con la ayuda de un programa informático.
- Un espejo redondo.
- Objetos de tres dimensiones en movimiento, tales como un modelo del movimiento de la luna y el sol, una lámpara que juegue con las texturas del agua y líquidos de colores u objetos similares.

Por otra parte, al principio puede costar un poco encontrar un mandala que nos aporte el efecto deseado, pero si persistimos intentándolo, nuestra mente se abrirá al significado de sus formas, números y colores, hasta que aprendamos a reconocer qué sentimientos nos aporta cada mandala, qué nos estimula o tranquiliza.

Sin embargo, si no se acaba el mandala en un día, es mejor dejarlo y comenzar uno nuevo al día siguiente. Nuestro estado de ánimo y nuestro bienestar cambian a diario, lo que explica que el mandala del lunes no necesariamente sea adecuado para el martes.

LAS TÉCNICAS BÁSICAS PARA PINTAR LOS MANDALAS

PASOS PREVIOS

Ante todo, primero buscaremos un lugar tranquilo y aislado, donde la presencia de otras personas no pueda interrumpirnos. Esto nos permitirá establecer un mayor contacto con nuestros sentimientos, siendo esencial cuando queramos meditar con el mandala ya finalizado.

Resulta también muy eficaz y relajante escuchar música mientras pintamos, ya que nos permitirá ser más receptivos a nuestro ritmo interno, de modo que fluiremos en el proceso de llenar las formas con nuestro estado de ánimo, con nuestras inquietudes.

Un mandala siempre debería pintarse para uno mismo, ya que con ello queremos ordenar algo en nuestro interior. Sin embargo, si varios miembros de la familia o amigos han pintado mandalas, podemos unirlos para formar una gran obra de mandalas. Asimismo, si se pintan mandalas en grupo, se debería hacer en silencio. El pintar en grupo crea fuertes lazos entre cada uno de los miembros, aunque a veces no seamos conscientes de ello.

ESCOGER EL MODELO

Naturalmente, no tenemos por qué seguir el modelo de una forma estricta. Cuando ya se tenga un primer contacto con los mandalas y se haya observado el efecto que produce sobre el estado de ánimo, pueden introducirse nuevas ideas.

Aunque la elección será un acto personal, ya esté guiado por la intuición o por la razón, las tres reglas esenciales son las siguientes:

- Las estructuras grandes resultan las más adecuadas para los principiantes.
- Las formas claramente estructuradas y con muchas figuras pequeñas aliviarán el estrés y el cansancio.
- Las ruedas, rosetones y modelos con mucho movimiento son adecuados para aquellas personas que se sientan tristes o deprimidas.

CÓMO PINTAR EL MANDALA

No se comenzará a pintar de forma inmediata, sino que nos detendremos para observar el dibujo, dejando que su imagen se llene de colores en nuestra mente. Además de tranquilizarnos, quizás nos permita descubrir líneas o formas que aún no están dibujadas y que podemos añadir con un rotulador negro o una plumilla. Sólo después pintaremos el mandala.

Es importante que los principiantes se mantengan dentro de los límites marcados y que dejen volar su imaginación sólo en este espacio. Por otra parte, la dirección en la que pintaremos será siempre desde el borde exterior hacia el centro. Con el tiempo, esto se convertirá en un camino simbólico desde el exterior hacia nuestro propio interior.

Sin embargo, a los niños les gusta pintar desde dentro hacia fuera. Eso se relaciona, especialmente en los pequeños, con el afán de representarse a ellos mismos. Aunque es adecuado que lo hagan, se les debería indicar a medida que crezcan la posibilidad de pintar desde fuera hacia dentro. Eso sí, la dirección elegida al principio debería mantenerse siempre, ya que la pintura de mandalas pretende ordenar el espíritu.

ESCOGER EL MATERIAL

Para pintar mandalas no se necesitarán grandes medios, sino que bastará encontrar una superficie dura sobre la que nos apoyaremos, un rotulador negro grueso y otro fino para resaltar los contornos o crear nuevas líneas, así como las pinturas con las que se quiera trabajar. Elegiremos el material con el que nos sintamos más a gusto, aunque es recomendable tener una amplia gama de colores para que nuestra fantasía no encuentre obstáculos.

A continuación, mostramos los materiales más comunes y las técnicas para pintar con estos:

- **Lápices de colores:** Aplicaremos color ejerciendo una ligera presión y un movimiento circular. De esta forma, el color se mezclará en el papel sin que se aprecien rayas.

- **Rotuladores de colores:** Se procederá de la misma forma que con los lápices de colores, siempre realizando el mismo movimiento y en la misma dirección, y procurando centrarse en una sola figura sin detenerse, pues de lo contrario se podrían apreciar rayas. Aunque este método es barato, no permite mezclar fácilmente los colores.

- **Lápices de cera:** Especialmente indicados para los más pequeños, los lápices de cera no permiten plasmar detalles, por lo que dejan fluir el subconsciente más fácilmente. Su técnica permite abarcar las formas con rapidez y sin pretensiones, como si fuéramos niños de nuevo. Por ello, resultan muy indicados para la exploración de nosotros mismos.

- **Barras de pastel:** Existen dos tipos de barras de pastel, las «secas» o al óleo. Aunque ambas no son adecuadas para el principiante, las barras de pastel «secas» permiten obtener unos tonos luminosos que las diferencian de los lápices de cera, mientras que las barras de pastel al óleo cubren de forma muy saturada y fuerte. Después de pintar, se fijará siempre el dibujo con laca de pelo o fijadores especiales de dibujo.

- **Acuarelas o pinturas opacas:** Mezclaremos los colores en el papel. Una vez la pintura esté seca, podremos corregir los tonos con un poco más de agua o de color. Es recomendable cambiar de vez en cuando el agua para limpiar el pincel, de lo contrario, los tonos claros, como el amarillo o el naranja, formarán un sombreado grisáceo. Para obtener tonos intensos, dejaremos secar otra vez el papel, ya que sino se ablandaría. Por ello, esta técnica requiere paciencia, además de un papel especial, no siendo muy adecuada para los que se inician en la pintura con mandalas. A pesar de ello, se podrán obtener un sinfín de tonos diferentes, suaves y mágicos o intensos.

- **Tinta:** En la actualidad podemos comprar tinta (también llamada tinta china) de diferentes colores, aunque no serán recomendables las que sean muy fluídas, pues no aportarán colores consistentes. Se emplearán como las acuarelas, permitiendo además experimentar con diferentes tipos de pinceles y técnicas.

ESCOGER LOS COLORES

La elección de los colores es libre: una vez nos encontremos ante el mandala en blanco y negro, escogeremos el color que más nos atraiga la atención, intentando no pensar mientras pintamos. Mientras el color se esparza sobre el dibujo, se establecerá un diálogo entre el ojo, la mano y el subconsciente.

Quizás en el proceso surja algún tono en el que no habíamos pensado o que incluso no nos gusta. Aunque nos sintamos contrariados, dicho color y su significado aparecerán en el mandala de una forma u otra, por lo que deberíamos evitar el racionamiento y permitir que los colores surjan por sí solos.

Una vez finalizado el mandala, leeremos el significado de sus colores en las páginas 74 y 75. Sin embargo, también podemos llevar a cabo este proceso a la inversa, escojiendo ciertos colores con los que queramos trabajar. Por ejemplo, podemos emplear todos los colores que no nos gustan, o los colores de las estaciones y festividades.

Por otra parte, quizás al observar el mandala en blanco y negro no queramos añadir ningún color. En este caso, meditaremos con la figura, imaginando los diferentes colores con los que se podría pintar, o concentrándonos en sus contornos. Esta meditación nos aportará igualmente una sensación de tranquilidad.

TEXTOS EXPLICATIVOS

Los textos que acompañan el dorso de cada mandala invitan a mirarlos más detenidamente, ya sea explicando cómo influyen en determinadas tensiones y estados de ánimo, o abriendo caminos para explorar nuestras emociones a través de citas y fragmentos inspiradores, procedentes de diversas culturas.

Se pueden emplear estos textos para meditar antes de empezar a trabajar el mandala, o una vez ya esté pintado. A los niños se les deberían leer en voz alta antes de que empiecen a pintarlos, para así incentivarles a que reflexionen sobre determinadas formas básicas que provienen de su entorno más próximo. No olvidemos que cada uno de nosotros tiene una percepción diferente y que, tal vez, los niños vean en los mandalas cosas distintas a lo que simplemente nos sugieren las formas.

DIBUJAR Y COMPONER NUESTROS PROPIOS MANDALAS

Con el tiempo y tras adquirir una práctica, quizás nos apetezca crear nuestros propios mandalas. En este libro, algunos de los modelos permiten añadir más formas: en el interior de los círculos blancos, dibujaremos lo que primero se nos ocurra, ya sea una figura geométrica o una figura, un árbol, etc. Al igual que los mandalas de los chakras contienen la imagen de su divinidad y animal asociado, nuestros mandalas deben ser, sencillamente, una expresión de lo que se encuentra en nuestro interior. Por ello, podemos dibujar formas y, después, colorearlas, pegar papeles de colores, fotografías, conchas, arena, hojas recogidas en el bosque, flores, tela, etc. No debemos limitar nuestra imaginación. Cualquier cosa que elijamos será el camino hacia nuestro propio interior.

El mandala concluirá cuando, al observarlo, nos sintamos satisfechos.

Por otra parte, debemos recordar (tal y como explicamos en el primer capítulo) que los mandalas no sólo son objetos físicos y tangibles, sino que también pueden ser imágenes de nuestra mente, danzas, sueños, laberintos, etc.

DIBUJAR LOS MANDALAS

Para dibujar las formas de nuestros mandalas, necesitaremos material de dibujo (compás, regla, goma), un papel que nos guste y una superficie dura. A continuación, trazaremos un círculo a pulso, con la ayuda del compás o con un objeto circular. Podemos crear el mandala partiendo de una imagen previa de nuestra mente, o dejar que las formas y colores surjan a medida que lo dibujamos.

Un método sencillo para empezar es dibujar el círculo, dividirlo en cuatro partes y dibujar en un segmento un diseño o dibujo que repetiremos en los tres restantes. El color que empleemos en uno deberá mantenerse o transformarse para crear un diseño en todo el mandala.

Es recomendable comenzar siempre con el círculo, para después centrarnos en esta forma o extendernos hasta formar un complejo juego de líneas y figuras. Un mandala repleto de efectos visuales y formas artísticas no será mejor que uno que sólo contenga, por ejemplo, un triángulo rodeado por un círculo. No existen mandalas «buenos» o «malos».

CONSTRUIR MANDALAS CON OBJETOS

Trazaremos un círculo sobre un papel, una tabla de madera, sobre la arena, etc., y después de dividirlo en cuatro segmentos, llenaremos estos espacios con todo aquello que deseemos. Tal y como hemos dicho anteriormente, lo importante no será el tipo de objetos que podamos pegar o disponer en su interior, sino la posibilidad de expresar nuestros sentimientos.

Esta técnica es muy adecuada para los niños. Pueden componer un mandala grande con piedras, trocitos de madera, hojas, piñas, nueces y flores, o construir un nido simbólico con ramitas secas de los árboles. Antes de empezar, dibujaremos un esbozo sencillo en un trozo de papel, empezando su composición desde el centro y añadiendo los motivos, pieza a pieza, a su alrededor.

Y DESPUÉS, ¿QUÉ?

Una vez finalizados, podemos enmarcar los mandalas que nos gusten especialmente (el marco no deberá ser demasiado elaborado para no distraer nuestra atención de la esencia del mandala), recortarlos para hacer móviles (resultarán ideales aquellos que sean pequeños y transparentes, con un diámetro de aproximadamente 10 cm) o colgarlos en las ventanas. En este último caso, emplearemos los mandalas pintados con lápices de cera o barras de pastel al óleo: bastará plancharlos sobre una hoja de papel blanco, con la superficie pintada hacia abajo. Los colores se volverán traslucidos y el mandala se podrá colgar en la ventana.

MANDALAS
para colorear

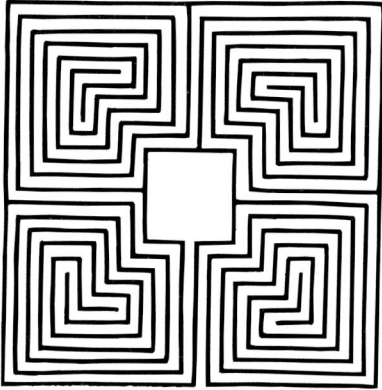

1. Laberinto romano

Este laberinto se encontró en los mosaicos que decoraban las villas romanas distinguidas, normalmente acompañado de representaciones del mito de Teseo y el Minotauro.

Recorrerlo con serenidad favorece la unión de ambos hemisferios cerebrales y permite, así pues, que nos podamos concentrar con facilidad en la meditación.

Se colorearán las formas básicas, aunque, para los niños, se aconseja leer el mito de Teseo mientras éstos vayan recorriendo el laberinto con un lápiz o lo coloreen con pinturas.

2. Laberinto asiático

Este laberinto, denominado *Cakra-vyuh*, se encontró en un libro de rituales, simbolizando el difícil camino que implica el nacimiento. El espacio libre que rodea la cruz representa las pausas en el camino.

Aunque está especialmente indicado para ayudar a la madre en el parto, también puede servir como meditación sobre todas aquellas decisiones que tienen «un parto difícil».

Colorea cada cuadrante que forma la cruz con los siguientes colores: azul, amarrillo, rojo y verde, de forma que cada color fluya por los caminos del laberinto.

3. Laberinto de la villa italiana de Duomo di San Vitale, Ravenna (530-548)

En tiempos remotos vivía en China un rey llamado Yin, que tuvo un hijo a los sesenta años. Era un hijo prodigioso: al nacer tenía ya veintiocho dientes y los adivinos del reino profetizaron que sería un temible conquistador. El príncipe, al que llamaron Yang, fue educado por el arquitecto Lao, un hombre sabio de valiosas palabras.

Cuando el rey murió, Yang tenía quince años. Ante el cadáver de su padre se despidió de la corte y marchó a la conquista del mundo. Caminando a través de pueblos y culturas, su imperio se extendió por todo el mundo conocido.

Al cabo del tiempo y sintiéndose fatigado, se retiró a una ciudadela tan espléndida como una montaña nevada, construida por el arquitecto Lao. En este lugar perfecto, Yang, harto de los placeres de la vida mundana, descubrió la melancolía y el aburrimiento.

Convocó a su ministro Lao y se quejó de su malestar y hastío.

Lao no respondió. Yang dio un puñetazo en la mesa y gritó: «¡Te ordeno construir el más formidable laberinto jamás imaginado! En siete años quiero verlo edificado en este llano, ante mí, y luego marcharé a conquistarlo. Si descubro el centro serás decapitado. Pero si me pierdo en él, reinarás sobre mi imperio».

Dijo Lao: «Construiré ese laberinto».

Sin embargo, el arquitecto reemprendió el curso de las actividades habituales y pareció olvidar el encargo. El último día del séptimo año, el emperador Yang llamó al anciano y le preguntó dónde estaba aquel laberinto, el más formidable y nunca soñado.

Entonces Lao le tendió un libro, diciendo: «¡Hélo aquí. Es la historia de tu vida. Cuando hayas encontrado el centro podrás descargar tu sable sobre mi cuello».

Así fue como Lao conquistó el imperio de Yang, pero rehusó el cetro y el poder, pues poseía ya algo más preciado: la sabiduría.

CUENTO POPULAR CHINO

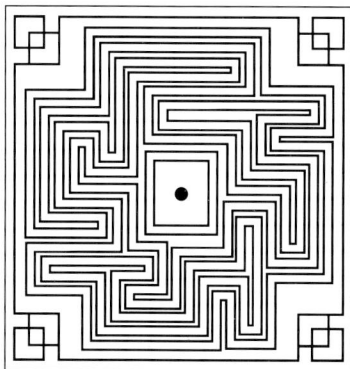

4. Laberinto

Este mandala recrea un laberinto de América del Sur, en el que sólo con la mente se puede alcanzar el punto central.

Colorea con un sólo color las "paredes" del laberinto (excepto los cuadrados concéntricos centrales) y, después, los múltiples caminos y callejones sin salida con otro color. Por último, emplea otros colores para el centro, intentando concentrar la mente en tus sentimientos.

5. Estrella

Este mandala es muy adecuado para todas aquellas personas que no hayan pintado en mucho tiempo, es decir, como un primer contacto con la técnica y beneficios de pintar los mandalas. Se puede comenzar desde el centro hacia el exterior, o viceversa.

Asimismo, es también muy adecuado para el autoanálisis, para lo cual bastará elegir de forma espontánea los colores y, después, leer su significado.

6. El hilo sin fin I

Al igual que el anterior, este mandala es muy adecuado para quien se inicie. Antes de comenzar, observa el dibujo, siguiendo el hilo con la mente y dejándote llevar.

A continuación, medita sobre el siguiente koan de la tradición zen:

¿Cuál es el color del viento?

Pinta primero el hilo y, después, céntrate en la parte externa del círculo, continuando con los espacios entre el hilo y, sólo al final, pintando el centro del mandala.

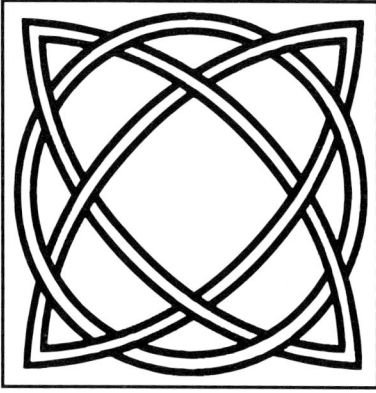

7. Mandala céltico

Antes de pintar, medita sobre el siguiente texto:

Tienes ocho años. Es domingo por la noche.
Te dejaron quedarte levantado una hora más que de costumbre.
La familia juega a un juego de estrategia.
Te dejaron jugar con ellos porque ya eres bastante grande.
Pierdes. Estás perdiendo contínuamente.
Tu estómago se tensa con temor.
Has perdido casi todas tus posesiones.
La pila de dinero delante de ti está también casi agotada.
Tus hermanos están comprando todas tus provincias.
La última se está vendiendo en este instante.
Debes entregarte. Perdiste.
Y de pronto te das cuenta de que es sólo un juego.
De un salto te levantas de la silla con alegría
y golpeas la lámpara que cae al suelo y arrastra la tetera
Los otros están enojados contigo pero tú ríes
subiendo la escalera hacia tu cuarto.
Sabes que no eres nada y sabes que no tienes nada.
Y sabes que no-ser y no-tener da una libertad inmensurable.

JANWILLEM VAN DE WETERING

A continuación, pinta primero el interior de las líneas y, después, céntrate en la parte externa del cuadrado, continuando con los espacios entre las líneas y, sólo al final, pintando el centro del mandala.

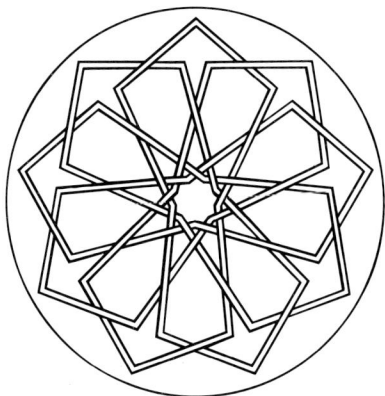

8. Movimiento

Medita sobre la siguiente sentencia zen y colorea el mandala desde el exterior hacia el interior.

Fundamentalmente, el arquero apunta hacia sí mismo.

ZEN Y EL ARTE DEL TIRO CON ARCO

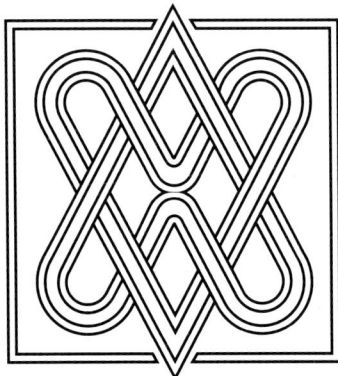

9. Corazón I

Medita sobre el siguiente texto y colorea el mandala desde el exterior hacia el interior. Se recomienda emplear el rojo y el rosa, así como centrar nuestra mente en nuestros sentimientos afectivos.

Alguien fue a la puerta de la amada y llamó.
Una voz preguntó: «¿Quién es?».
Él contestó: «Soy yo».
La voz dijo: «No hay sitio para mí y para ti» y la puerta se cerró.
Al cabo de un año de soledad y privaciones, él volvió a llamar.
Preguntó una voz desde dentro: «¿Quién está ahí?».
El hombre dijo: «Tú».
Y le abrieron la puerta.

DYALAY-AL-DIN-RUMI

10. El hilo sin fin II

Con su aparente complejidad, este mandala resulta muy adecuado para todas aquellas personas que se encuentren inmersas en una etapa de crisis, de caos, y necesiten poner en orden todo lo que consideran importante.

Por ello, pintar este mandala permite encontrar la calma y soportar las situaciones difíciles, proporcionando, además, la energía necesaria para tomar las decisiones que den una nueva y positiva dirección a nuestra vida.

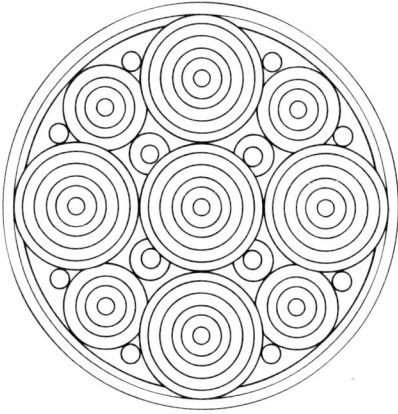

11. Gotas de lluvia en un estanque

Medita sobre el siguiente texto y colorea el mandala desde el exterior hacia el interior.

Qué maravilloso es sentarse solo,
en el bosque, por la noche, arrullado por esta
maravillosa, ininteligible, perfectamente
inocente lengua,
la lengua más tranquilizadora del mundo:
la charla de la lluvia con ella misma.
Cuando cae sobre las sierras, la charla
de los cursos de agua en las hondonadas.
Nadie la empezó, nadie la va a parar,
hablará tanto como quiera, esta lluvia.
Y mientras siga hablando, yo la escucharé.

THOMAS MERTON

12. Motivo vándalo

Medita sobre el siguiente texto y colorea el mandala desde el exterior hacia el interior. Se recomienda emplear colores que nos proporcionen una sensación de fuerza y vitalidad.

La vida aporta vida.
La energía crea energía.
Es mediante la expansión de nosotros mismos
que nos volvemos ricos.

SARAH BERNHARDT

13. Estanque con flor

Este mandala se puede pintar desde fuera hacia dentro o desde su centro hacia el exterior, dependiendo de cómo nos sintamos.

Un lago es la característica más bella y expresiva del paisaje. Es el ojo de la tierra y, al mirar en su interior, el observador puede medir la profundidad de su propia naturaleza.

HENRY DAVID THOREAU

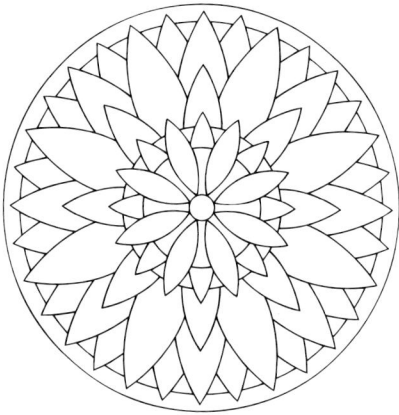

14. La gran flor

Pintar este mandala puede ayudarnos a recuperar el equilibrio físico y emocional. Por ello, siempre que sintamos molestias corporales, se aconseja colorear esta flor desde el exterior hacia el interior y empleando los siguientes colores (según el Ayurveda, una antigua enseñanza de la India):

- **Amarillo:** Estimula el cerebro, el intelecto y mejora el estado de ánimo.
- **Azul:** Proporciona tranquilidad interior y paz, activa la contemplación meditativa y despierta la intuición. Además, regenera y refuerza las defensas del cuerpo.
- **Naranja:** Aumenta el bienestar general, refuerza la confianza, vivifica y contribuye a la armonía entre el cuerpo y el espíritu.
- **Rojo:** Mejora la calidad de la sangre, aumenta el apetito y estimula el metabolismo.
- **Verde:** Mejora la capacidad de palabra y activa la mente, produce relajación y regenera el cuerpo y el espíritu.

15. La rueda solar

Este mandala español representa la energía del Sol, la fuerza vital en constante movimiento.

Ya entre los celtas, las ruedas solares eran consideradas como talismanes poderosos de protección y curación. Las podemos encontrar como decoración de escudos y armas de los guerreros, en lápidas mortuorias o en las estatuillas de barro de las diosas.

Colorea el mandala en la dirección que prefieras, pero procurando elegir colores de tonos alegres, ya que así nos ayudará a combatir la «oscuridad», aportando alegría, positivismo, esperanza para los abatidos, confianza y seguridad.

16. Mandala solar

Este mandala asirio también representa la energía solar, partiendo del interior, del astro o de nuestro yo, y expandiéndose hacia el exterior.

Medita sobre el siguiente «Himno al sol» del faraón egipcio Akhenaten y, después, pinta desde el centro hacia fuera con colores brillantes y alegres.

Los rebaños pacen en paz, los árboles y las plantas verdean, los pájaros salen volando de sus nidos y levantan sus alas en tu honor. Todos los animales juguetean y todos los seres con alas vuelan y brillan otra vez; vuelven a la vida con tu salida.

Las barcas navegan, río arriba y río abajo, con tu llegada se abren todos los caminos. Ante tu cara los peces saltan del río, tus rayos alcanzan el verde océano. Tú pones la semilla del hombre en la mujer, tú creas el semen del hombre; tú pones el sol en el vientre de su madre y lo calmas para que no llore. Hasta en el útero cuidas de él. Das aliento a toda la creación, abriendo la boca del recién nacido y dándole alimento.

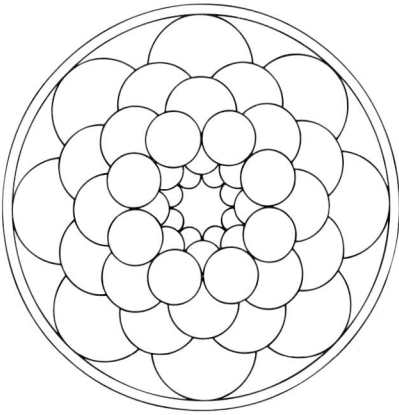

17. La flor cósmica

De cuatro veces ocho pétalos, esta flor representa el orden cósmico, la armonía, el infinito, presente en el individuo, en nuestro yo interior.

Debemos considerarnos una parte del cosmos y sentir toda su energía fluyendo en nuestro interior.

Pintándolo desde fuera hacia dentro, podemos emplear este mandala siempre que nos sintamos sin fuerzas, perdidos, desorientados. De esta forma, a medida que rellenemos de color sus partes, entraremos en contacto con nuestra fuente de energía, alcanzando el equilibrio, recuperando la dirección y recargando nuestras fuerzas. Cuando descansemos en nosotros mismos, formaremos una unidad con todo lo que vive y perece.

18. Medallón celta I

Los cuatro triángulos de este mandala de la tradición celta representan al individuo, de forma que implican: el presente; el objetivo o meta que se persigue; el pasado; y, finalmente, las influencias o acontecimientos del pasado más reciente que aún ejercen una presión sobre la situación actual.

Colorea primero el círculo exterior y, a continuación, cada uno de los triángulos, siguiendo su camino como si se tratase de un laberinto.
Si lo prefieres, puedes elegir un color diferente para cada sección, teniendo en cuenta sus diferentes significados.

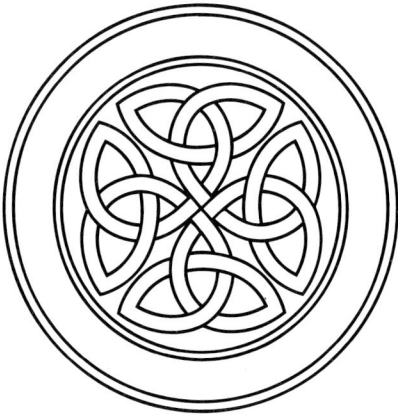

19. Medallón celta II

Muchas historias irlandesas hablan de la presencia de los potros de mar, animales que representan la bondad y la abundancia. Estos potros permanecen junto a un granjero pobre, siempre que se les trate con respeto pues, de lo contrario, desaparecen para regresar al océano.

En esta historia del condado de Sligo, un pobre granjero encuentra un potro que pace en la costa cerca de su pequeña casa:

Una mañana, cuando se levantó fue hasta el pozo para recoger una lata de agua para hacerse el té. Para su gran sorpresa, vio un joven potro en la playa. Bajó hasta allí y lo recogió.

Cuando creció, el potro se convirtió en una yegua que cada año paría un potro. Esto continuó durante siete años y, al cabo de ese tiempo, el granjero era rico…

Pero una mañana ocurrió algo extraño. El hombre fue al establo para dejar salir a la yegua. Cuando lo estaba haciendo, golpeó a la yegua con la brida. Tan pronto como lo hizo, la yegua relinchó siete veces y los siete potros vinieron galopando hasta donde ella estaba. Todos se volvieron en dirección al mar y se lanzaron nadando al agua.

Nunca más los volvieron a ver.

20. Las cuatro ciudades míticas

Failius, Goirias, Findias y Muirias eran las cuatro ciudades de las míticas islas de los mares del norte. De los grandes sabios de estas ciudades, el pueblo de los Tuatha Dé Danann adquirieron conocimientos de magia, profecía y del arte druídico, tras lo cual invadieron la antigua Irlanda con una gran flota de barcos, y al llegar a la costa occidental les prendieron fuego. Después de derrotar y expulsar a los Fir Bolgs que habitaban la isla, los Tuatha Dé Danann controlaron toda la isla y establecieron la corte real de los altos reyes de Irlanda en Tara. Según nos cuenta el *Libro de las invasiones*, los Tuatha Dé Danann trajeron cuatro grandes tesoros de las islas del norte: «*De Failias trajeron la Lia Fáil que lanzaba un grito bajo todo rey que hubiera de poseer Irlanda. De Goirias, la lanza de Lug: la batalla nunca iría en contra de aquel que la tuviera en su mano. De Findias trajeron la espada de Nuadu: ningún hombre escapa de ella; cuando se la sacaba de su vaina, no había manera de resistírsele. De Muirias trajeron el caldero del Dagda: que podía saciar a ejércitos enteros de guerreros.*»

Los cuatro tesoros aparecen de manera recurrente en las leyendas históricas de Irlanda y, especialmente, en la leyenda artúrica. Según la tradición, la Lia Fál (la Piedra de Fál) todavía se encuentra en las colinas de Tara, en el condado de Meath, el centro mítico de Irlanda y el lugar en que se proclamaban los antiguos reyes irlandeses.

En una curiosa mezcla de tradiciones antiguas y cristianas, el *Libro de las invasiones* nos cuenta que la piedra no lanzó más gritos después del nacimiento de Cristo.

21. Los tres círculos de la existencia

Este mandala representa, según la tradición celta, los tres círculos del pasado, el presente y el futuro. Esta creencia se encuentra íntimamente ligada con el viaje del alma y la cosmología celta, es decir, su forma de comprender la disposición de todo cuanto existe tanto en el exterior como en el interior de cada individuo.

El primer círculo es el más interno y en él las almas descansan para recuperar energías, antes de la siguiente reencarnación. Representa el pasado.

En el siguiente círculo, la vida se manifiesta sujeta a los ciclos y, por tanto, al nacimiento y a la muerte. Sin embargo, los celtas creían que el alma es imperecedera y asciende de un nivel a otro en sucesivas vidas, según un patrón de castigos y recompensas por las acciones realizadas, hasta alcanzar por fin la Tierra de los Bienaventurados. Este círculo representa el presente.

El tercer círculo o círculo superior es infinito, por lo que era representado como una serie de rayos que se extienden hacia el exterior. En la mitología, corresponde con la Tierra de la Felicidad, en la que el dolor o la enfermedad no tienen cabida, y en la que viven los iluminados y los druidas, como el mago Merlín o el bardo Taliesín. Este círculo simboliza el futuro.

22. El hilo sin fin III

Este mandala resulta muy adecuado para serenar la mente siempre que nos encontremos inmersos en una etapa de crisis, de caos, así como para iniciar el movimiento hacia un cambio interior.

Pintarlo conlleva calma, un tiempo de tranquilidad para que los cambios puedan darse. Querer apresurarse no va a acelerar el proceso. Por ello, es aconsejable meditar sobre el mandala, dejarse llevar por su movimiento y, después, pintarlo con tranquilidad, aplicando el color primero a los cuadrados exteriores, para seguir luego el camino interior, el laberinto interior, que no tiene ni principio ni fin. Por último, se rellenarán los espacios restantes con un tono luminoso que pueda aportar energía y positivismo.

23. Los cinco reinos

Según la tradición irlandesa, existen cinco elementos y cinco moradas mitológicas del espíritu, representadas normalmente como cinco castillos del Otro Mundo.

Así, la primera correspondería con el elemento tierra y el reino de *Falias*, al norte; la segunda posición con el fuego y con *Finias*, al sur; mientras que la tercera es el aire y el reino de *Gorias*, al este; y, por último, la cuarta es el elemento agua (ligado al mar, a la luna y a los sueños) y el reino de *Murias*, al oeste. Todas se levantan alrededor de la posición central o *Caer Wydyr*, el Castillo de Cristal, en el que se situaba el Santo Grial y que implica el elemento etéreo.

24. La gran cruz anual

Para los celtas, el año se dividía en una mitad oscura y otra luminosa, cada una con dos festividades solares o fiestas del fuego. Estas fiestas del fuego se celebraban durante tres días y tres noches, momento en el que creían que podían contactar con sus antepasados, y en el que reflexionaban sobre el pasado, el presente y el futuro.

Las fiestas del fuego eran las siguientes:

- *Samhain:* La fiesta anual más importante, durante la que se reunía la tribu y se expulsaban las ideas negativas, para así purificar la mente antes de la llegada del año nuevo. En la actualidad se conserva en la fiesta de Halloween o el día de Todos los Santos.
- *Brigantia:* Esta fiesta celebraba el resurgir del sol que regresa de la noche invernal. Se situaba entre el 31 de enero y el 2 de febrero.
- *Beltane* o *Beltain:* Situada entre el 30 de abril y el 2 de mayo, señalaba el inicio de la etapa luminosa del verano. En la actualidad, está presente en costumbres como el Árbol de Mayo o la recogida de ramos destinados a proteger los establos, las casas y los campos.
- *Lughnasadh:* Situada durante el 31 de julio y el 2 de agosto, correspondía con la fiesta otoñal de la cosecha y en ella se reunía toda la tribu. Se concertaban matrimonios y se realizaban danzas circulares siguiendo la dirección del Sol para fortalecer a este astro y asegurar la continuidad de su fuerza vital un año más.

25. El laberinto del yo

Este mandala de la tradición celta representa la búsqueda del yo, estando fuertemente ligado con el laberinto —como camino que se retuerce hasta encontrar la luz o salida— y con la hiedra que se abre paso entre grietas y hendiduras hasta alcanzar la luz.

Recorrerlo nos permitirá alcanzar una gran relajación, pero también la fuerza espiritual necesaria para llevar a cabo la búsqueda del propio yo.

26. La escalera del ser

Los celtas rindieron especial culto a la naturaleza en general y a los árboles en concreto. La propia palabra que designa a los sacerdotes celtas, es decir, a los druidas, significa tanto roble como conocimiento, designando, así pues, a una persona «conocedora de los árboles» o «muy sabia».

Los druidas constituían una clase sacerdotal muy poderosa, cuya función era chamánica. Participaban tanto en la vida social, como en la política, cultural, jurídica y religiosa de su pueblo. Para alcanzar el grado de druidas, los aspirantes (hombres o mujeres) debían estudiar durante más de veinte años temas tan diversos como astrología, cosmología, fisiología, teología, leyes y estrategias militares, entre otros. Como resultado, su conocimiento y poder eran tales que su palabra era considerada ley.

Los druidas poseían una gran capacidad premonitoria y practicaban la adivinación, creían firmemente en la inmortalidad del alma, así como en los poderes ocultos de la naturaleza y, en especial, de los árboles.

Y es que para ellos, todo ser humano se encontraba íntimamente ligado tanto a los animales como a los vegetales y minerales, pues todo forma parte de la totalidad.

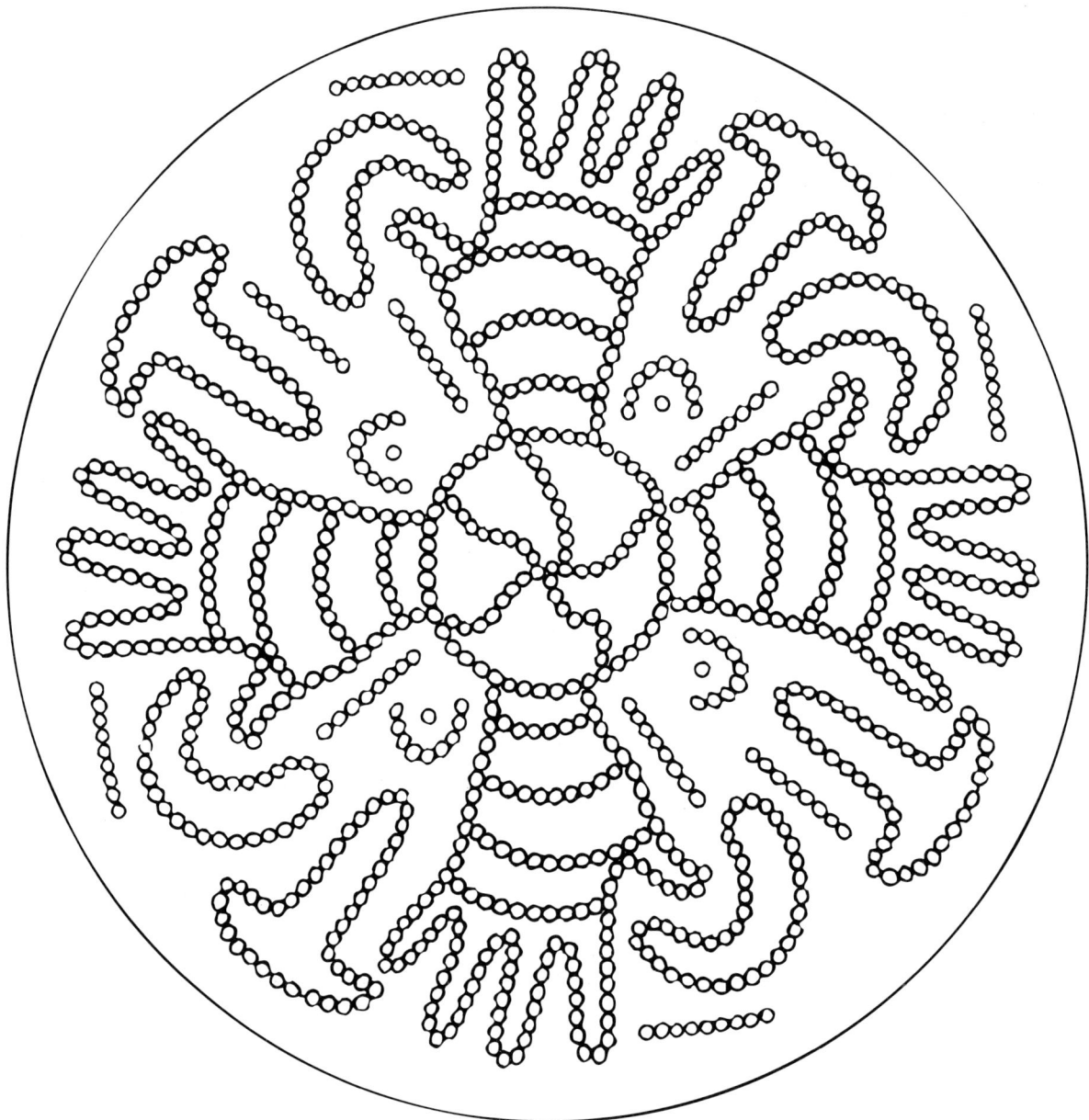

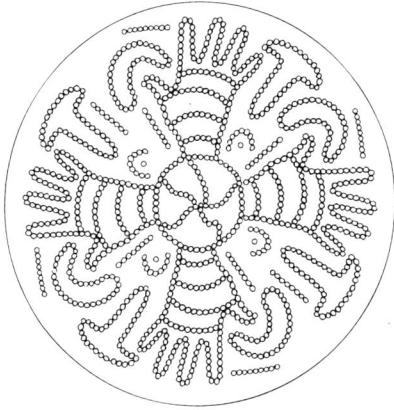

27. Mandala de los aborígenes australianos

El mito central de los aborígenes australianos es el de la Era del Sueño. Según este mito, en el principio la Tierra estaba desierta. Cuando las divinidades (consideradas más como unos seres espirituales que como dioses) despertaron de su eternidad, salieron a la superficie y viajaron a través del continente, unas veces con forma animal, otras como humanos. A medida que recorrían el continente, crearon las montañas, los ríos, los animales y los humanos, así como el cielo, el sol, la luna y las estrellas. Fue el origen de todo lo que está vivo. Para algunas tribus, estos creadores también habrían enseñado a los humanos a cazar, a encontrar comida y a fabricar cuchillos y otros utensilios. Cuando estos seres espirituales desaparecieron, dejaron su presencia en la Tierra y en sus habitantes.

Por ello, los aborígenes creen que los senderos que recorrieron son sagrados. Así pues, la Tierra es sagrada y el deber de los humanos es honrarla y cuidarla, ayudando con rituales mágicos a que los ciclos naturales continúen su orden natural y velando porque el equilibrio global no se altere.

Por otra parte, y también debido al mito de la Era del Sueño, todos los seres humanos tienen dentro algún ser espiritual o divinidad, considerándose así como representaciones vivientes de éstas.

Sin embargo, el Tiempo del Sueño no se sitúa sólo en el pasado, pues es el Ahora Eterno. Es decir, puede volver a surgir.

28. Mandala de los aborigenes australianos II

Los mitos de la Era del Sueño describen las características comunes a toda la humanidad, pudiendo enseñarnos de este modo muchas cosas sobre nosotros mismos y sobre los demás. Los conceptos o enseñanzas básicas pueden ser nuestro *kobong*, palabra aborigen cuyo significado sería «tótem». El *kobong* de una persona engloba tanto las acciones, como su personalidad, su motivación y sus sentimientos.

Este mandala se relaciona con la interacción social, con el yo dentro de la comunidad. Es decir, el efecto de nuestras acciones sobre otras personas o incluso en la comunidad. Por ello, pintaremos este mandala desde el centro hacia el exterior.

29. Mandala de los aborígenes australianos III

Los aborígenes australianos creían que el mundo estaba lleno de signos de lo espiritual. Todo tenía un significado, pues todos los elementos estaban ligados entre sí, por haber sido creados por los mismos seres espirituales. Cada uno de los seres vivientes y demás cosas presentes en la Tierra había sido creada de acuerdo a un propósito secreto. El mundo era un oráculo viviente, desde los animales que se cruzaban en su camino a las formas que las nubes dibujaban en el cielo. De este modo, sólo se requería una mente despierta para advertir los mensajes. En general, la mayoría de las tribus reconocían que existe, por una parte, un campo de energía que rodea toda persona, objeto y paisaje, y, por otra, la posibilidad de sintonizar con este campo. Así, unas plumas poseen la misma energía que el ave de la que procede. Sin embargo, un aborigen no intenta bailar como un pájaro determinado, sino ser ese pájaro.

30. Mandala árabe I

Antes de pintar, medita sobre el siguiente texto del reconocido autor Rabindranath Tagore:

El sol que se va mar adentro, al ocaso,
¡qué adiós último deja en el oriente!

A continuación, pinta primero el interior de las líneas y, después, céntrate en la parte interna del dibujo, es decir, en los espacios entre las líneas. Por último, pinta el centro del mandala.

31. Mandala árabe II

Debido a un trabajo excesivo, se puede perder el equilibrio de nuestras energías, provocando tensiones, irascibilidad y un gran abatimiento.

Pintar este mandala, de fuera hacia dentro, nos ayudará a recargar las fuerzas gastadas, tanto físicas como psíquicas, y a encontrar el camino hacia nuestro interior.

32. Mandala árabe III

Antes de pintar, medita sobre el siguiente texto del escritor Walt Whitman:

¡Qué silenciosamente escala el sol el ancho y claro cielo en su viaje diario!
¡Cómo sus rayos todo lo bañan y corren por mi cara besándome y dándome calor!

A continuación, pinta primero el interior de las líneas y, después, céntrate en los espacios entre las líneas. Por último, pinta el centro del mandala.

33. Diseño geométrico

Las sencillas formas de este diseño geométrico, a pesar de su aparente complejidad, aportan una gran serenidad a la mente. Los pensamientos, tensiones y problemas fluirán a medida que pintemos los elementos, de modo que, poco a poco, nos iremos concentrando en el dibujo que se rebela, en el juego de colores que estamos creando, por lo que podremos olvidar todo lo que nos rodea y alcanzar la relajación.

34. Mandala árabe IV

Antes de pintar, medita sobre el siguiente texto de William Blake:

La luna como una flor
en el alto ramo del cielo,
con silencioso placer
se sienta y sonríe a la noche.

Pinta primero el contorno del círculo exterior y, después, recorre cada una de las líneas de este mandala, empleando si quieres un color diferente para delinear cada figura (sin olvidar pintar los espacios interiores). Por último, pinta el centro del mandala.

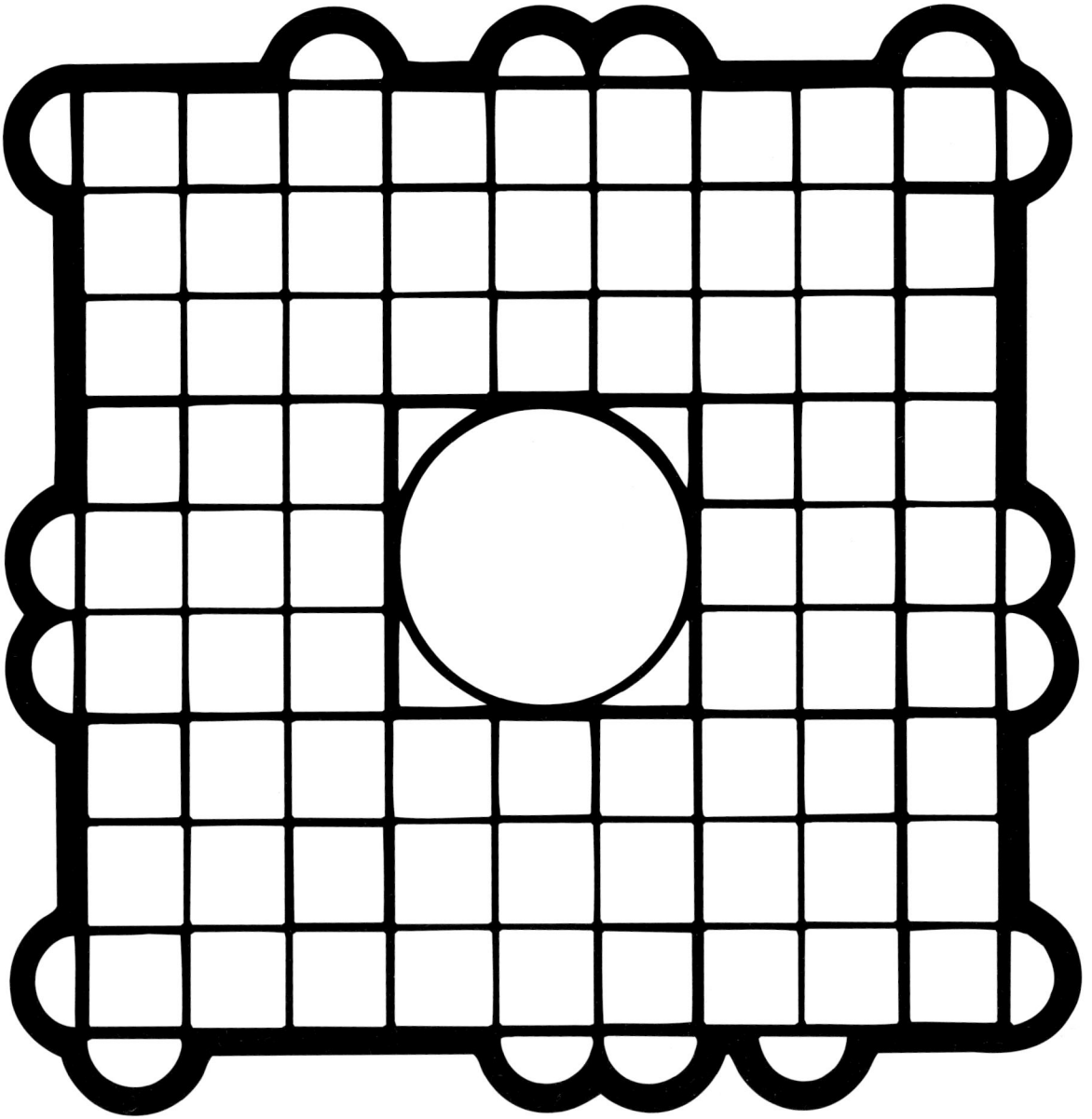

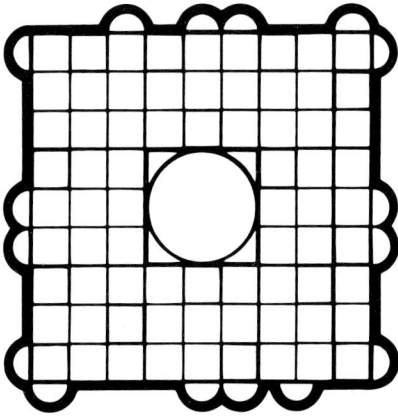

35. Tablero hindú

Antes de pintar, medita sobre el siguiente texto del escritor Oscar Wilde:

Estoy convencido de que en un principio Dios hizo un mundo distinto para cada hombre, y que es en ese mundo, que está dentro de nosotros mismos, donde deberíamos intentar vivir.

La disposición de sus elementos permite pintar este tablero de una forma ordenada y armónica. Como si de un laberinto se tratase, comienza en alguna de las esquinas y recorre los diferentes cuadrados siguiendo siempre el mismo orden hasta alcanzar el centro.

36. Mandala tibetano

Antes de pintar, medita sobre el siguiente texto de Dôgén (1200-1253), uno de los maestros japoneses más importantes del zen:

Estudiar budismo es olvidarse a sí mismo.
Olvidarse a sí mismo es estar iluminado por todas las cosas.
Estar iluminado por todas las cosas es desprenderse
del propio cuerpo y de la propia mente,
y desprenderse de los cuerpos y las mentes de los otros.
Ningún rastro de iluminación permanece y este ningún-rastro
continúa interminablemente.

La estructura sencilla de este mandala permite pintarlo como un rosetón a través del cual se cuela la luz del sol o de la luna, o como un mandala que representa una flor y en cuyos pétalos podemos también dibujar diferentes figuras que nos sean significativas.

37. Rosetón

De noche, adentrado en las montañas, me siento a meditar.
Los asuntos de los hombres nunca llegan aquí:
todo es calmo y vacío,
la noche interminable se ha devorado todo el incienso.
Mi túnica se ha vuelto un manto de rocío.
Sin poder dormir, camino hacia el bosque;
repentinamente, sobre el pico más alto,
aparece la luna llena.

RYOKÁN

38. Diseño de la Alhambra

Antes de pintar, medita sobre el siguiente texto:

La eternidad no es algo que empiece
después de nuestra muerte.
Fluye de forma constante.
Nos encontramos ahora en ella.

CHARLOTTE PERKINS GILMAN

Pintaremos este mandala desde dentro hacia fuera, concentrando nuestra mente en la belleza de este momento, en nuestra propia fuerza y belleza interior.

39. Ventana de un templo

El propósito de una red de pescar es pescar peces y,
cuando los peces son atrapados, se olvida la red.
El propósito de una trampa de conejos es atrapar conejos.
Cuando los conejos son atrapados, se olvida la trampa.
El propósito de las palabras es comunicar ideas.
Cuando las ideas son comprendidas, se olvidan las palabras.
¿Dónde puedo encontrar una persona que haya olvidado las palabras?
Con ella sí que me gustaría conversar.

CHUANG-TZU

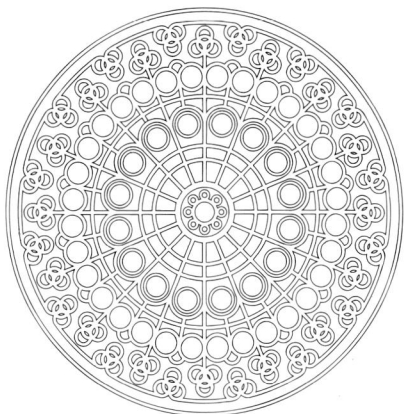

40. Rosetón catalán I

Muy pronto el ojo limpio del niño se nubla con ideas y opiniones, pre-conceptos y abstracciones. El simple ser libre se va incrustando en la pesada armadura del ego.

Muchos años más tarde se despierta un instinto que reconoce que un sentido vital del misterio ha sido sustraído. El sol brilla a través de los pinos, y el corazón es penetrado por un momento de belleza o de extraño dolor, como un recuerdo del paraíso.

Después de ese día… nos transformamos en buscadores.

PETER MATTHIESSEN

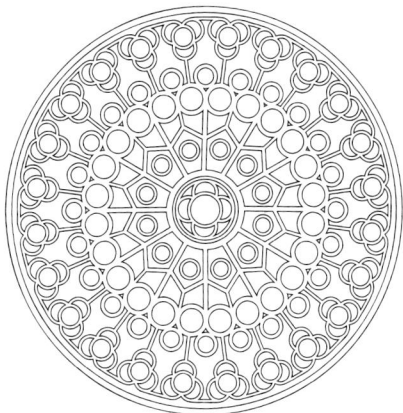

41. Rosetón catalán II

En el majestuoso conjunto de la creación,
nada hay que me conmueva tan hondamente,
que acaricie mi espíritu y dé vuelo desusado a mi fantasía
como la luz apacible y desmayada de la luna.

GUSTAVO ADOLFO BÉCQUER

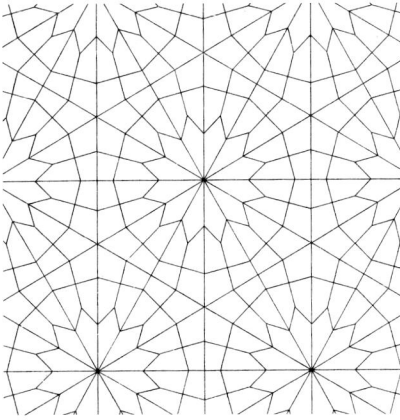

42. Luminosidad

Pinta este diseño geométrico centrándote primero en una de las formas circulares, desde su centro hacia el exterior, para después continuar con las siguientes. Por último, rellena el espacio que las enlaza unas con otras.

Piensa en las personas importantes para ti, una por cada círculo, y en todo aquello que te une a ellas.

43. Mandala chino I

Este mandala, con una flor abriéndose en su centro, transmite alegría y positivismo. Si tienes problemas de autoestima o te encuentras falto de alegría, pintarlo te ayudará a superar los aspectos negativos y a descubrir los positivos.

Es preferible emplear colores como el rojo, el rosa o el verde, ya que simbolizan la vitalidad y fortalecen el proceso de curación interior.

44. Mandala chino II

En una aldea pequeña y pobre vivía un granjero. Sus paisanos lo consideraban afortunado porque tenía un caballo que utilizaba para labrar y transportar la cosecha. Pero un día el caballo se escapó. La noticia corrió pronto por el pueblo, de manera que al llegar la noche los vecinos fueron a consolarle por aquella grave pérdida. Todos le decían: «¡qué mala suerte has tenido!». La respuesta del granjero fue un sencillo: «puede ser».

Pocos días después, el caballo regresó trayendo consigo dos yeguas salvajes que había encontrado en las montañas. Enterados los aldeanos, acudieron de nuevo, esta vez a darle la enhorabuena y comentarle su buena suerte, a lo que él volvió a contestar: «puede ser».

Al día siguiente el hijo del granjero trató de domar a una de las yeguas, pero ésta lo arrojó al suelo y el joven se rompió una pierna. Los vecinos visitaron al herido y lamentaron su mala suerte. Pero el padre respondió otra vez: «puede ser».

Una semana más tarde aparecieron en el pueblo los oficiales de reclutamiento para llevarse los jóvenes al ejército. El hijo del granjero fue rechazado por tener rota la pierna. Al atardecer, los aldeanos que habían despedido a sus hijos se reunieron en la taberna y comentaron la buena estrella del granjero, mas éste, como podemos imaginar, contestó nuevamente: «puede ser».

CUENTO TAOÍSTA

45. Flor en un estanque

Este mandala japonés aporta serenidad y tranquilidad. Por ello, cuando se sufran tensiones y estrés, se empleará para aportar una relajación tanto física como emocional.

Es importante pintarlo desde el exterior hacia el interior, preferiblemente con tonos suaves.

46. Mandala del corazón I

Este mandala de la India permite estimular el chakra del corazón, como centro del amor y la compasión.

Pintarlo desde el exterior hacia el interior, con tonos rojos y rosas, no sólo nos ayudará a ser más abiertos y a desprender calor y amabilidad, sino que también servirá de guía para alcanzar una armonía interior.

47. Olas

A veces resulta muy difícil emprender el primer movimiento para cambiar algo en nuestra vida, sobre todo si nos sentimos agotados.

Este mandala japonés confiere vitalidad y energía, de forma que reactivará los canales y nos empujará hacia adelante.

Observa con detenimiento el mandala, siendo consciente del gran movimiento que plasma, y empieza a pintarlo desde el centro hacia fuera. De esta forma, el movimiento nos influirá desde el primer momento.

48. El nudo sin fin

El nudo sin fin es uno de los «ocho símbolos propiciatorios» o emblemas tibetanos de la buena suerte.

Estos símbolos tienen diferentes niveles de interpretación, aunque están asociados principalmente con las diversas cualidades de las enseñanzas budistas: según la tradición, cuando Buda nació, se predijo que se convertiría bien en un rey justo y benigno de todo el mundo, o bien en un ser iluminado cuyas enseñanzas alcanzarían todo el mundo. Aunque en realidad fuese lo segundo, Buda fue considerado como un rey espiritual y, por ello, algunos de esos símbolos se convirtieron en una serie de emblemas reales.

El nudo sin fin (también denominado «dibujo propiciatorio») representa la longevidad, así como la naturaleza ilimitada de las enseñanzas de Buda, que se aplican a todos los seres vivos. Asimismo, simboliza la dependencia mutua de las doctrinas religiosas y la realidad cotidiana, la unión de la sabiduría con los métodos y, finalmente, en el momento de la iluminación, la unión completa de sabiduría y gran compasión.

49. La rueda dorada

Esta rueda constituye otro de los «ocho símbolos propiciatorios» tibetanos (al igual que el anterior mandala).

Las ruedas pueden transportar a una persona a través de diferentes tipos de terreno, por lo que simbolizan la acción del camino budista, que puede transportar al alma hacia la liberación. Tanto la rueda como la esvástica de su centro confieren vitalidad y energía. Así pues, pintar este mandala nos reactivará y empujará hacia delante.

Para que el movimiento y energía sea mayor, se pintará desde el centro hacia el exterior.

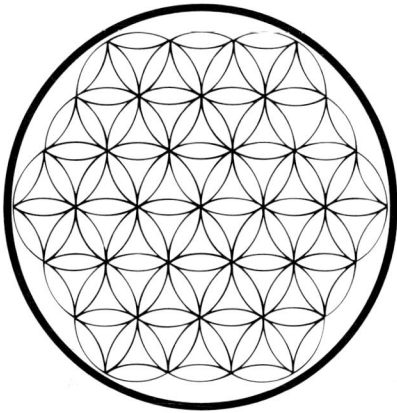

50. La flor de la vida

Este mandala representa la flor de la vida, tal y como se representa usualmente (el Modelo básico III constituye otra representación de este símbolo).

Antes de pintarla, ya sea desde el interior hacia el exterior o desde el círculo externo hasta el central, medita sobre el siguiente poema de William Blake:

Ver un mundo en un grano de arena
y un cielo en una flor salvaje,
tener el infinito en la palma de la mano
y la eternidad en una hora.

51. Yantra budista

La flor de loto aparece muy frecuentemente en los mandalas y yantras budistas, y está relacionada con el número ocho. En el budismo, se considera este número como símbolo del infinito y de la senda de la perfección espiritual.

Esta senda engloba los siguientes pasos:

1. El concepto correcto
2. La decisión correcta
3. Las palabras correctas
4. La forma de actuar correcta
5. El modo de vivir correcto
6. El esfuerzo correcto
7. La reflexión correcta
8. La introspección correcta

52. Yantra tibetano

El emblema tibetano de la flor de loto (aquí, rodeando el círculo central), simboliza el crecimiento desde la impureza a la pureza, tal y como las bellas flores de loto crecen a través del agua, con su raíz hundida en el barro y abriendo sus flores en el aire. Por ello, la flor de loto representa la completa purificación tanto del cuerpo, como del lenguaje y de la mente, y el resurgimiento de la naturaleza verdadera de uno mismo.

Para el budismo, el loto simboliza a aquellas personas que han alcanzado la iluminación.

53. Mandala del corazón II

Este mandala simboliza el chakra del corazón, representado como una flor de doce pétalos alrededor de una estrella.

Al igual que el chakra gobierna la inspiración, pintar este mandala nos puede ayudar a desarrollar la creatividad, la concentración y evasión necesaria para que los elementos empiecen a surgir en nuestra mente.

Por ello, resultará muy eficaz cuando empecemos o estemos inmersos en algún proyecto creativo.

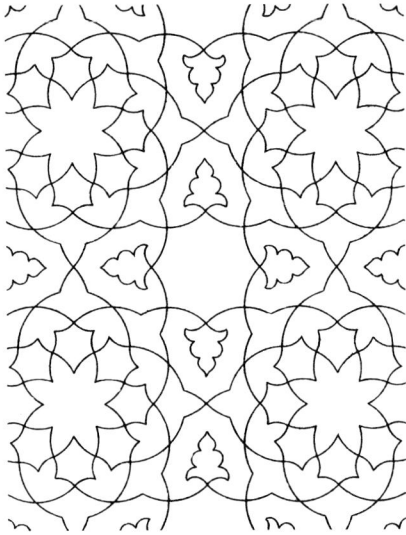

54. Reflejo

Antes de pintar este mandala, medita sobre este antiguo proverbio de los indios norteamericanos:

Camina en la armonía.
Camina en la belleza.
No te quedes en la oscuridad ni en el resplandor.
Busca el arco iris que se vislumbra en el charco,
pues cada cosa negativa tiene algo positivo en ella,
y al revés.

Sé prudente en tu elección y en tu intención.
Haz caso a tu corazón.
Sigue el ritmo de tus sueños.
La vida es un bumerán y te devolverá
aquello que lanzaste hacia el Universo.

55. Mandala chino III

Regálate un momento de quietud:
comprobarás qué loco has sido
corriendo de un lado a otro.

Aprende a ser silencioso:
comprobarás que has estado
parloteando demasiado.

Sé amigable:
comprobarás que tu opinión de los demás
ha sido demasiado dura.

CHEN CHUJI (715-770)

56. Modelo básico I

Los cinco mandalas de las páginas siguientes se encuentran incompletos. Una vez observada su forma durante unos minutos, deja correr tu fantasía, sin pensar en la estética, y dibuja y colorea aquello que primero surja en tu mente.

Cuando un ser humano busca obstáculos que midan su fuerza,
se dirige hacia el **norte***.*
Si necesita calma y tranquilidad,
se va hacia el **sur***.*
Para aprender sobre su futuro,
apunta hacia el **oeste***.*
Y regresa al **este** *para descubrir sus orígenes.*
Pero para recorrer el más largo de los periplos
viajará al interior de sí mismo.

UMAN

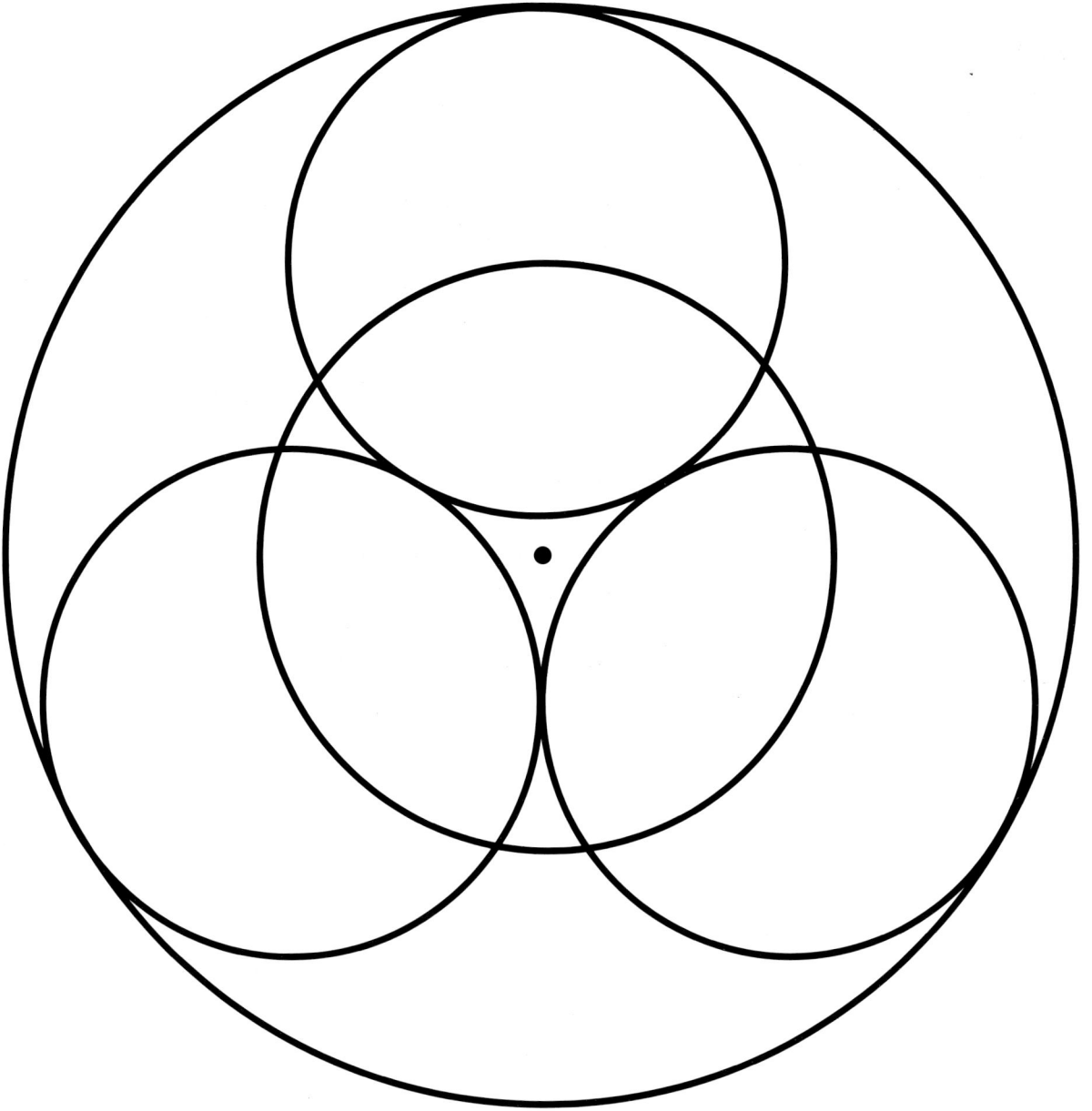

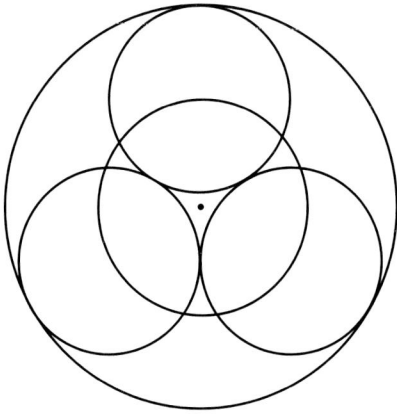

57. Modelo básico II

Este modelo para rellenar libremente constituye el plano de las órbitas del planeta Mercurio y de Venus: el círculo exterior es el camino de Venus, mientras que el interior corresponde a Mercurio. En el centro, se situaría el Sol.

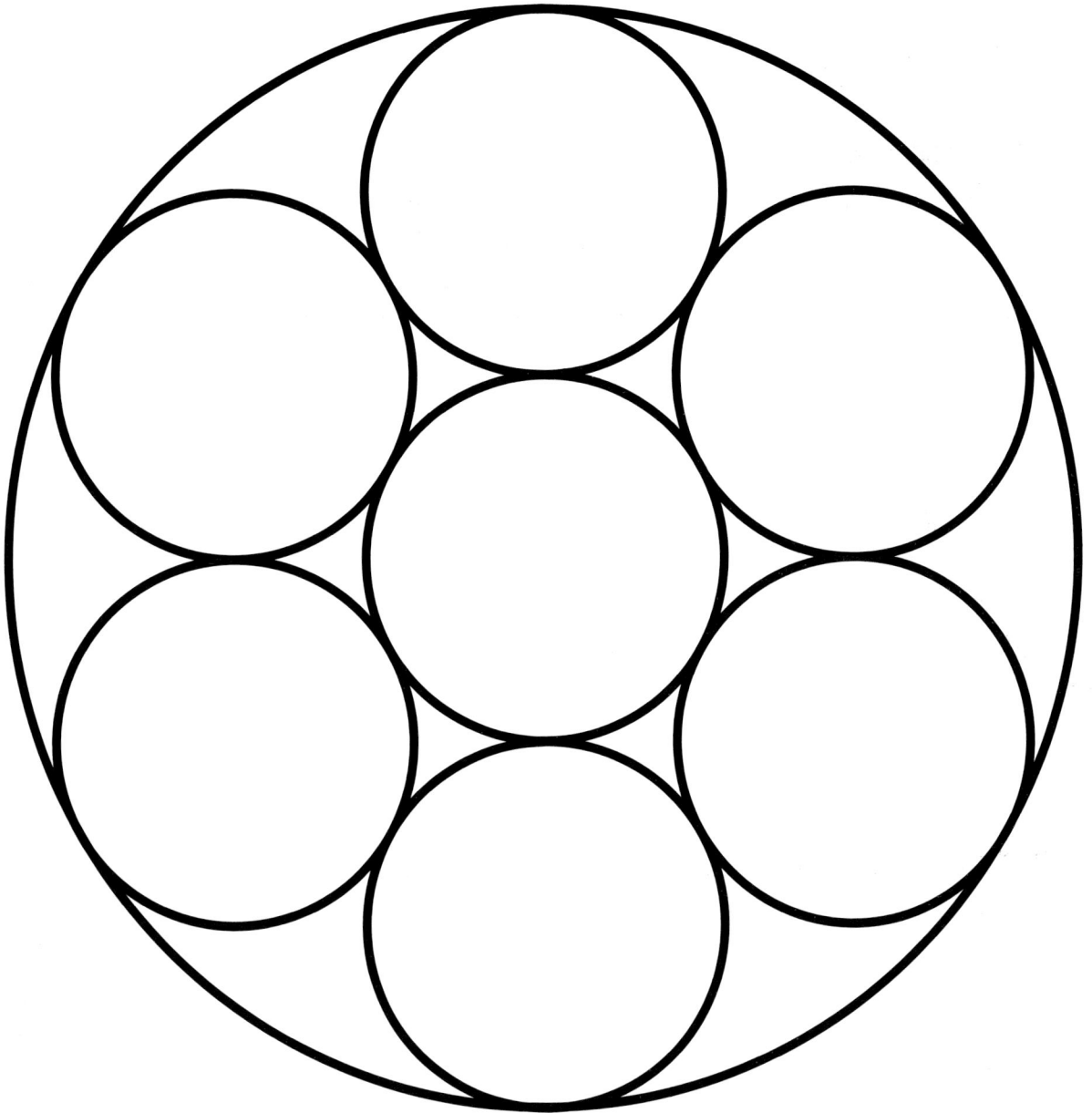

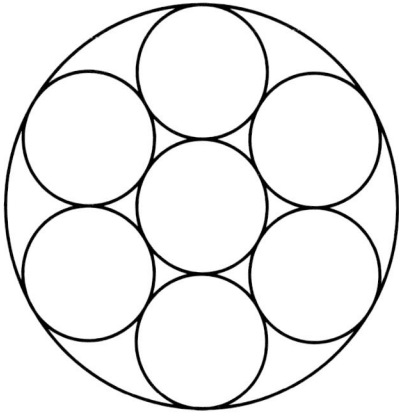

58. Modelo básico III

Este modelo básico representa la flor de la vida, en cuyo interior se sitúan siete círculos. Según el sufismo (un movimiento místico del Islam), existen siete estados que el ser humano debe recorrer para que su personalidad se desarrolle.

Medita en los siguientes pasos antes de colorear o dibujar este mandala:

1. El individuo reconoce que es inmaduro
2. El individuo es consciente de su yo
3. El individuo hace uso de su consciencia
4. El individuo se equilibra interiormente
5. El individuo realiza nuevas experiencias en el consciente
6. El individuo adquiere una amplia individualidad e identidad
7. El individuo se ha transformado y ha alcanzado el estado de perfección

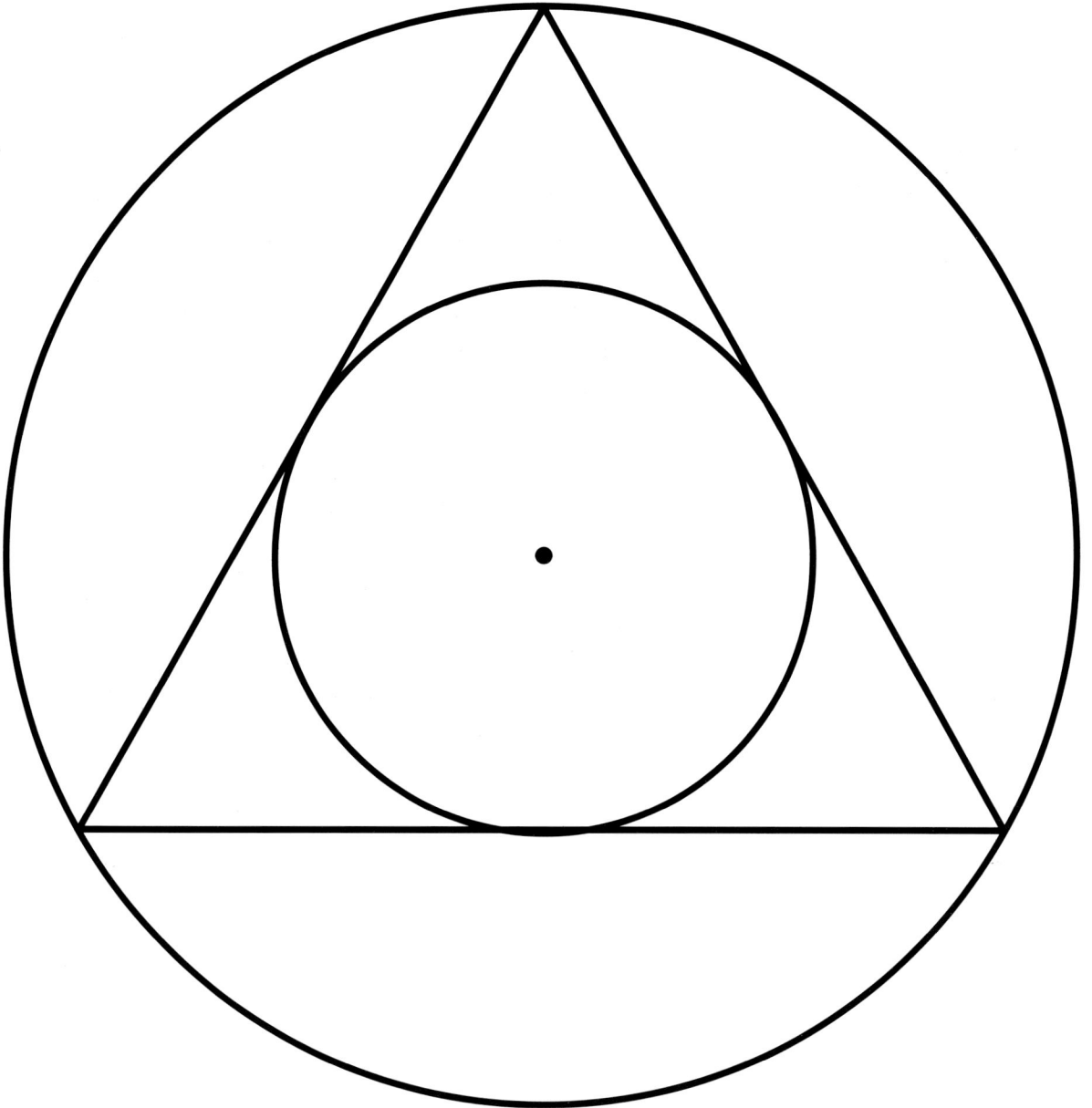

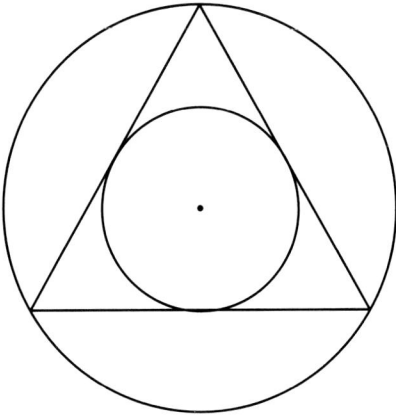

59. Modelo básico IV

Este modelo muestra la órbita del planeta Saturno alrededor del Sol (el círculo interior), que es aproximadamente la mitad de la de Urano (el círculo exterior). En el centro, se situaría el Sol. Ambos planetas tienen un simbolismo opuesto, ya que Saturno es visible a nuestros ojos, mientras que para ver Urano se necesitan instrumentos adecuados.

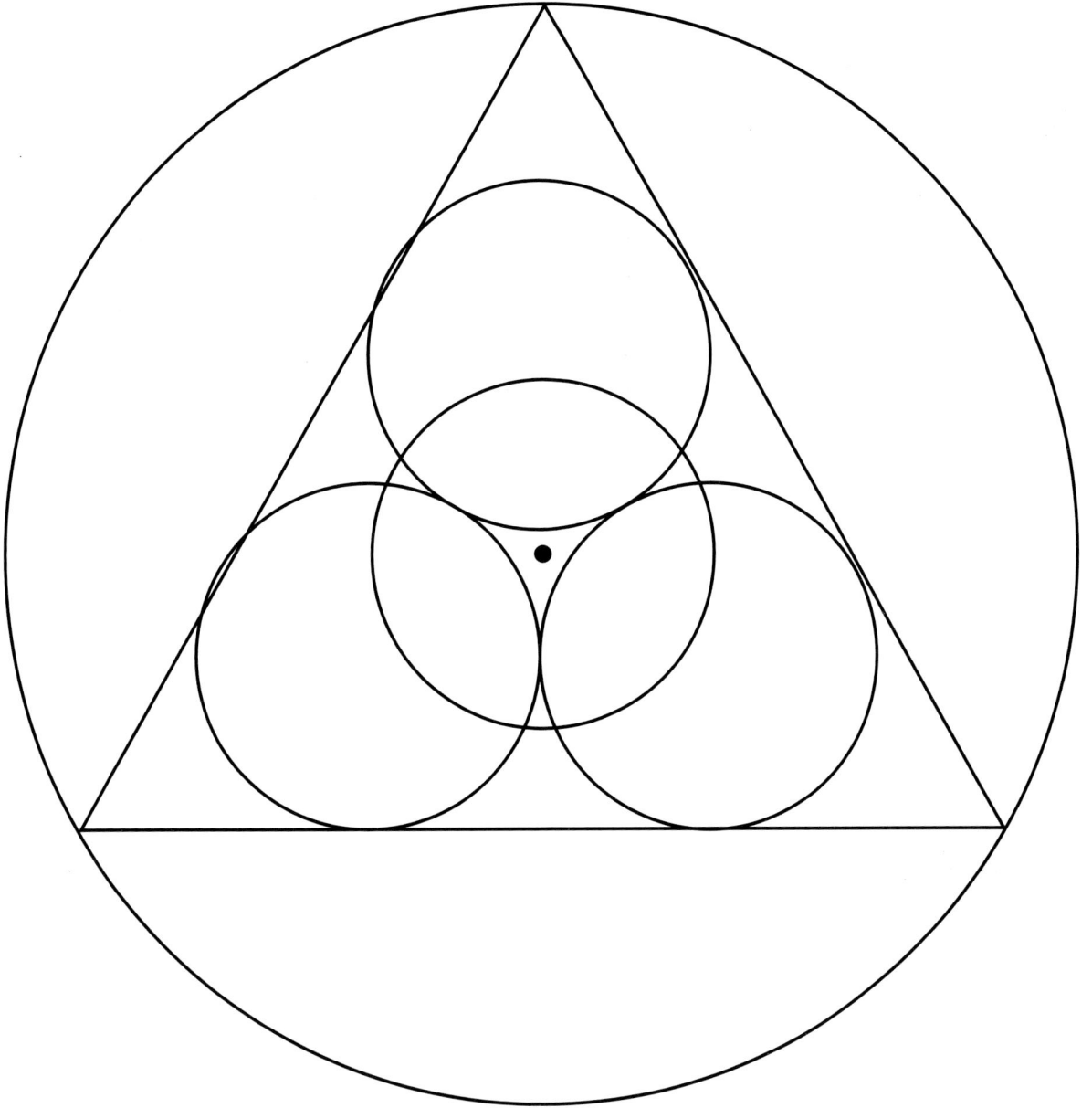

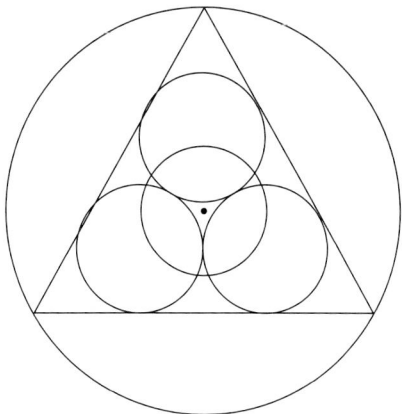

60. Modelo básico V

Este modelo señala las órbitas de Neptuno (en el exterior) y Saturno (en el interior). En la Antigüedad, se consideraba que Saturno governaba las contraindicaciones, siendo opuesto a Júpiter (la expansión).

OTROS TÍTULOS EN ESTA COLECCIÓN: